# 图书馆
# 弱势群体服务研究

姜璐 著

安徽师范大学出版社

·芜湖·

责任编辑：潘　安
装帧设计：张　玲

**图书在版编目（CIP）数据**

图书馆弱势群体服务研究 / 姜璐著.—芜湖：安徽师范大学出版社，2019.9
ISBN 978-7-5676-3602-6

Ⅰ．①图…　Ⅱ．①姜…　Ⅲ．①弱势群体－图书馆服务－研究　Ⅳ．①G252

中国版本图书馆 CIP 数据核字（2018）第 108827 号

# 图书馆弱势群体服务研究

姜　璐◎著

| | | |
|---|---|---|
| 出版发行： | 安徽师范大学出版社 | |
| | 芜湖市九华南路 189 号安徽师范大学花津校区　　邮政编码：241002 | |
| 网　　址： | http://www.ahnupress.com/ | |
| 发 行 部： | 0553-3883578　5910327　5910310（传真）　E-mail:asdcbsfxb@126.com | |
| 印　　刷： | 江苏凤凰数码印务有限公司 | |
| 版　　次： | 2019 年 9 月第 1 版 | |
| 印　　次： | 2019 年 9 月第 1 次印刷 | |
| 规　　格： | 700 mm×1 000 mm　　1/16 | |
| 印　　张： | 8 | |
| 字　　数： | 129 千字 | |
| 书　　号： | ISBN 978-7-5676-3602-6 | |
| 定　　价： | 35.00 元 | |

# 前　言

和谐社会提倡全体公民平等友爱、融洽相处。弱势群体是社会中的特殊群体，正逐渐受到社会更多的关注。图书馆作为社会组织，其使命决定了它在建设和谐社会中将承担重要责任，理应在参与建设和谐社会中发挥作用。

本书从弱势群体的概念及其教育权利、文化权利入手，分析图书馆的基本职能和社会职能在服务弱势群体方面的具体体现和服务理念。本书搜集了大量国内外图书馆服务弱势群体的实践和理论研究，在此基础上，专门阐述了图书馆无障碍环境建设、特殊学校图书馆建设，并对图书馆服务弱势群体的发展趋势进行了展望。全书理论架构与具体实践相结合，对图书馆为什么和如何服务弱势群体进行了全景式的描述，对正在进行的为弱势群体服务的图书馆改进和完善工作有一定的参考价值。

从图书馆发展史可以看到，现代图书馆作为社会公共知识空间，作为社会公益事业单位，自其产生之日起就与免费、开放、平等、自由等理念紧密相连。各类型图书馆，特别是公共图书馆，对弱势群体的知识援助贯穿了整个公共图书馆发展历史，从关注知识平等获取到帮助弱势群体增长知识素养，从关注知识贫困到弥合知识鸿沟，面向弱势群体的知识援助不断拓展和深化。

希望本书的出版能引起更多相关人士对图书馆服务弱势群体的关注，重视并推动图书馆服务弱势群体事业的发展，为构建和谐社会发挥图书馆应用的价值。

本书在写作过程中参考借鉴了一些专家学者的研究成果，在此特向他们表示感谢。由于写作时间仓促，水平有限，不足之处在所难免，恳请专家和广大读者提出宝贵意见。

# 目　录

# 第一章　弱势群体概述

## 第一节　弱势群体的概念与特征

我们要研究图书馆为弱势群体服务，就要弄清"弱势群体"这一概念。弱势群体是一个特殊的社会群体，广泛地存在于每一个社会发展阶段。同时，它是一个动态的社会群体，在不同的社会发展阶段有不同的存在形式。准确地定义弱势群体，正确地阐释弱势群体存在的形态，全面地揭示弱势群体产生的主客观因素，对于切实保障弱势群体的教育、文化权利有重要的作用。

### 一、弱势群体的提出

弱势群体，也叫社会脆弱群体、社会弱者群体，在英文中称"social vulnerable groups"。它主要是一个用来分析现代社会经济利益和社会权力分配不公平、社会结构不协调、不合理的概念。在社会学、政治学、社会政策研究等领域中，它是一个核心概念。社会学关于社会问题的研究、社会工作和社会福利的发展，可以说是推动弱势群体概念成为社会科学主流话语之一的重要因素。2002年《政府工作报告》使用了"弱势群体"这个说法，引起了国内的广泛关注。弱势群体是任何时代、任何社会都存在的一种普遍的社会现象。

#### （一）国外对弱势群体的研究

由于社会弱势群体存在的普遍性，对于社会弱者问题的关注早已成为一个全球性议题，引起了社会学、社会工作学、经济学、法学、心理学等诸多产物，是社会精英（优势群体）、普通民众和低下阶层相互比较的结果。从外表来看，他们通常并无明显的生理疾病或残疾，绝大多数是普普通通的"正常人"。弱势的成因和主要影响因素不是个人特质，而是结构性因素、社会性力量与社会环境之间多种因素互动的社会结果。

### 4. 研究弱势群体的相关理论

20世纪70年代兴起，90年代在西方盛行的现代社会学方法论，从社会分层理论、冲突理论、相对剥夺理论、生存竞争理论等角度对弱势群体问题进行了大量的研究。

"社会分层"（social stratification）这个概念，在西方社会学中是一个广泛使用的概念。其基本涵义是，根据不同的社会等级标准，把社会成员划分成不同的层次。

社会分层最深刻的社会根源是社会的不平等。从社会关系的层级组合看，这种社会差别和不平等主要有三类：第一类是最基本的具有决定意义的经济利益差别；第二类是在经济差别基础上产生的其他综合性的社会差别，如社会地位、政治权利、生活方式、价值观念等方面的差别；第三类是一般的社会差别，如性别、年龄、民族、教育等单方面的差别。虽然在社会分层的进程中，新的分化现象往往否定和克服已有的社会不平等因素，但是不断产生新的不平等，并且将这些不平等加以制度化，因而具有固定和维护社会不平等因素的作用。对社会弱势群体所占有的财富、权力以及声望进行的分析，证明这一群体无疑处于社会层级的下层。

冲突理论作为一种社会理论，认为在有限的资源面前，社会总是处于冲突状态之中。从社会冲突论的角度看，现代社会中的弱势群体问题并非起源于社会和弱势群体双方自愿的脱离，而是社会对弱势群体的歧视，以及在社会资源方面弱势群体的利益受到侵害和剥夺。

以老年人问题为例，冲突论的理论家们论证说，社会对不同年龄所划分的阶段不仅是年龄的等级，还是权力、财富和声望的等级。不同年龄阶段的社会成员常常互相竞争，例如年轻人对老年人强迫性的退休非常感兴趣，因为如果后者在他们的职位上多待几年，年轻人的就业和提升的机会就会减少。同样，不同年龄阶段的人对分配社会的福利基金也有着不同的看法，年轻人会倾向于认为大学降低学费是最重要的，中年人要比年轻人更关心财富的积累，老年人则希望提高他们的社会福利，享受更多的医疗优惠。在社会利益的冲突中，哪个等级的力量大，哪个等级就能得到更大的好处。

相对剥夺理论最先是由斯托夫（S. A. Stouffer）等人在《美国士兵》（*The American Soldier*，1949 年）一书中提出的。我国学者对相对剥夺感概念的界定是：相对剥夺感是人们的一种否定性主观心理感受，它来自自身的期望与自身认定的实际状况之间的差异。

相对剥夺理论经常被用于解释社会中弱势群体的越轨和犯罪现象，这是因为在社会强势群体看来，弱势群体所处的低下的经济地位，导致其"看起来"是最容易产生被剥夺感的群体。但是，由于资源的有限性和欲望的无限性是一对永远无法平衡的矛盾，被剥夺感实际上广泛存在于人们的心中，而不论这个人处在社会的什么阶层。

生存竞争理论是由达尔文的进化论演绎而来的。一些西方社会学家受到英国斯宾塞的"社会有机论"和"进化论"的影响，在解释西方资本主义社会存在的社会弱者现象时，往往认为自然界遵循的适者生存、优胜劣汰的规律，同样适用于人类社会，因此，以贫困者、失业者为主体的社会弱者是人类社会竞争优胜劣汰的必然产物，是人类社会竞争中的"弱势群体"。用这种观点把社会弱势群体的存在说成是一种正常的、合理的现象，甚至以这种理论作为强势群体剥夺弱势群体利益和权利的借口，是文明社会无论如何都不能接受的。优势群体的道德觉悟及对弱势群体同情和善待的表现，标志着人类文明的一种进步。用社会达尔文主义、优胜劣汰论来嘲弄和否定弱势群体，实质上是主张弱势群体应该被社会淘汰，这种观点是极其荒谬的。恩格斯曾在《自然辩证法》一书中，对这类思潮进行过严厉批评：必须把"生存斗争"的概念严格限制在"动物和植物"进化的范围内，如果把它"直接搬到人类社会中来"，那不过是"十足的童稚之见"。社会的竞争选择，必须公正、有序，要遵守起码的法律规范、社会公德，而不能听任人性中奸诈、邪恶的一面任意肆虐。否则，就很可能不是优胜劣汰，而是"劣胜优汰"，形成违背社会发展规律的逆向选择和历史退化。

上述这些理论对中国研究弱势群体提供了借鉴。

## （二）中国对弱势群体的研究

社会弱势群体的生存状况及其面临的困境早就引起中国共产党人及学者们的注意，并开展了一系列的调查研究活动。

20 世纪 20 年代，毛泽东在对中国农村社会进行广泛调查的基础上写出了《中国社会各阶级的分析》《湖南农民运动考察报告》《兴国调查》。这些文章对中国半殖民地半封建社会的弱势群体——农民的生活状况进行了十分深刻的实证研究。此外，1914—1915 年，有北京社会实证会对 305 个洋车夫的生活状况进行了调查；1923 年，社会学家陈达指导学生对民众生活费用进行了调查；1929—1934 年，陈翰望等人进行的三江地区调查涉及 220 多个村庄和市镇，近 3 000 户农家……这些研究，都从一定角度对弱势群体的范畴进行了界定，使弱势群体保护的对象有了一定的指向。但是，调查研究者具有不同的身份地位，所处历史条件不同，对问题所持的视角不同，因而对于弱势群体的理解、界定也就不同。

从界定一个概念必需的本质性、周延性、确定性和抽象性这些必要条件来看，当前人们对弱势群体的理解还存在着宽泛性、片面性和不确定性的问题。因此，科学地界定弱势群体，对于制定保护弱势群体的社会政策是十分必要的前提。而作为社会福利政策对象的弱势群体的界定，涉及依据什么原则和标准以及谁有权力界定弱势群体等根本性的问题。

近年来，我国学者对弱势群体的界定有许多不同的观点，比较有代表性的有地位论、构成论、能力论、特征论、成因论五种观点，从各个角度对弱势群体进行了描述。以下选录一些具有代表性的观点和主张。

王思斌认为，那些常处于不利地位的社会群体被称为弱势群体。弱势主要表现为经济力量、政治力量的低下。

张敏杰认为，弱势群体，应该是指由于自然、经济、社会和文化方面的低下状态而难以像正常人那样去化解社会问题造成的压力，导致其陷入困境、处于不利社会地位的人群或阶层。在社会变迁的过程中，这个群体是社会援助的对象，是社会福利的接受对象。

李林认为，弱势群体是一个相对的概念，在具有可比性的前提下，一部分人群（通常是少数）比另一部分人群（通常是多数）在经济、文化、体能、智能、处境等方面处于一种相对不利的地位。例如，与青壮年相比的少年儿童和老人，与男子相比的妇女，与健康人相比的残疾人，与就业者相比的失业人员，与有正常收入者相比的贫困者，与主流文化相比的亚文化群体，与多数民族相比的少数民族，与自由公民相比的失去自由或限制自由的公民等。

宋希仁认为，弱势群体是相对于强势群体（或优势群体）而言的。保护弱势群体就意味着调节弱势群体和强势群体之间的利益关系……弱势群体与强势群体之间的关系，是客观的实体性伦理关系。如男女、长幼的差别，有先天的自然基础，其强弱之势在个别人和个别小群体之间可能有所改变，如有巾帼不让须眉者，还有少年英雄辈出，但总体的男强女弱、长强幼弱的差别是很难改变的。

沈立人认为，弱势群体是指社会上的一部分人，先天或后天的条件制约，缺乏较强的竞争力，不能或只能很少地占有社会资源，因此不能获得较好的社会职业，其收入分配较少或很少，只能过着水平较低的、仅维持生存的生活，同时缺乏抵抗种种风险的能力，也缺乏依靠自己努力来改善其境遇的可能性，并在政治上、经济上和心理上都处于社会边缘。

学者们根据自己的具体研究内容，从不同的角度对弱势群体进行了各自的界定。这种现象一方面反映了研究弱势群体问题已成为当下学界研究的热点课题，另一方面也反映了现阶段中国弱势群体的构成状况复杂、存在问题多样的情况。深入研究中国的弱势群体问题具有特别的紧迫性和重大的现实意义。

## 二、我国对弱势群体概念的界定

为了便于研究图书馆为弱势群体服务的问题，对弱势群体这个学术界在内涵与外延方面都存在歧见的概念进行一个比较难确的界定显然是很有必要的。

## （一）弱势群体概念的内涵

弱势群体是一个相对概念。在全国，农民是弱势群体；在城市里，进城务工的农民和下岗失业工人是弱势群体；在股市中，中小投资者是弱势群体。弱势群体的状况直接关系到和谐社会的建设，关系到我国社会和经济发展的质量和效益。

弱势群体的定义：

从字义上理解弱势群体，"弱"是相对于"强"而言的，有衰弱、无能之意。韩愈《送浮屠文畅师序》中有"弱之肉，强之食"之句，形象地勾画出了弱者被强者所凌所食的状态。所谓"势"，可以指一切社会现象所表现出来的趋向，也可以指某种社会力量的状况或情势。所以，弱势群体应该是指由于自然、经济、社会和文化方面的低下状态而难以像正常人那样去化解社会问题造成的压力，导致其陷入困境、处于不利社会地位的人群或阶层；在社会变迁的进程中，这个群体是社会援助的对象，是社会福利的接受对象。在传统意义上，弱势群体主要指老弱病残者和无劳动能力的依赖人群（主要是儿童）。随着中国农村改革和城市国有企业改革的不断深入，那些在劳动市场和生活机会分配中竞争力较弱、综合性能力较低而受到不平等对待的群体，如女性、非城市人口、农村贫困人口和失业、下岗人员等便成了这一群体的新成员。

《中国人民大学中国社会发展研究报告 2002：弱势群体与社会支持》中总结了此前有关弱势群体的定义："社会脆弱群体是凭借自身力量难以维持一般社会生活标准的生活有困难者群体"，"社会弱者群体是一个在社会资源分配上具有经济利益的贫困性、生活质量的低层次性和承受力的脆弱性的特殊社会群体"，"弱势群体是指创造财富、聚敛财富能力较弱，就业竞争能力、基本生活能力较差的人群"。所谓弱势群体是指那些不但实际的经济收入偏低，而且由于各种条件的限制，其未来发展也有相当的困难的人群，他们往往面临着心理的和经济的双重困境。按照国际社会学界、社会工作和社会政策界达成的基本共识，所谓社会弱势群体是指那些由于某些障碍及缺乏经济、政治和社会机会而在社会上处于不利地位的人群。同时，报告将弱势群体界定为那些依靠自身的力量或能力无法保持个人及其家庭成员最基本的生活水准，需要国家和社会给予支持和帮助的社会群体。

以上这些定义都从不同角度提示了弱势群体的内涵，对于我们认识这一问题无疑具有积极的帮助。但这些定义仍然没有从根本上解决弱势群体概念的内涵问题，这需要做进一步研究。

弱势群体毕竟是一个相对的概念，在具有可比性的前提下，一部分人群比另一部分人群在某些方面处于一种相对不利的地位。只从经济上界定是不完整的。弱势群体之弱，更多地表现在他们发展机会上的劣势。弱势群体的范围也不是一成不变的，它的形成和演变轨迹是社会在一定的发展时期政治、经济、文化综合作用的结果。

## （二）弱势群体的基本特征

为了进一步了解弱势群体概念的内涵，必须对弱势群体的基本特征进行概括和总结。关于弱势群体的基本特征，学者们均进行了一定程度的探讨和研究，对于基本特征如相对性、集合性等也已取得了较为一致的看法，但也有学者认为，以往研究者对弱势群体的基本特征的揭示不全面。《弱势群体权益保护法论纲》的作者王兴运认为：弱势群体作为一个概念，相对性、广泛性、集合性、多因性和法律性是其基本特征。也有的研究者从另外的角度对弱势群体的特征进行了概括和总结，主要有以下几个特征：低职化或无职化、贫困化、脆弱化、边缘化。

综合而言，弱势群体是指社会上的部分人，先天或后天的条件制约，缺乏较强的竞争力，不能或只能很少地占有社会资源，因此不能获得较好的社会职业，收入较少或很少，只能过着水平较低的、维持生存的生活，同时缺乏抵抗种种风险的能力，也缺乏依靠自己努力来改善其境遇的可能性，并在政治上、文化上和心理上都处于社会边缘。

从特征分析来看，对弱势群体的概念可从不同的角度来界定：从社会视角出发，弱势群体是在遇到社会问题冲击时自身缺乏应变能力而易于遭受挫折的社会群体；从经济视角出发，弱势群体是由于各种内在和外在原因，在生产和生活上有困难的社会群体；从政治和法律视角出发，弱势群体是在经济、文化、体能、智能、处境等方面处于相对不利地位的社会群体。

综合各方观点，可以这样定义弱势群体：他们是一个在社会资源分配上具有经济利益的贫困性、生活质量的低层次性、文化层次的相对低下性和承受力的脆弱性的特殊社会群体。

## （三）弱势群体概念的外延

弱势群体是一个规模庞大、结构复杂、分布广泛的群体。主要有两大类，一类是社会性弱势群体，包括失业者、贫困者、城市下岗职工、灾难中的求助者、农民工、非正规就业者、服刑人员等；另一类是生理性弱势群体，主要包括残疾人、老年人、妇女、儿童等。为了更好地研究图书馆为弱势群体服务的方法和途径，有必要对弱势群体的外延进行界定。我们所研究的弱势群体主要是在经济收入、社会地位、权益维护、竞争能力等方面均处于劣势的人群共同体（包括贫困者、失业者、下岗者等）及生理性弱势群体（老年人、妇女、儿童、病患者、残疾人等）。

# 第二节　弱势群体的成因与影响

探讨和研究弱势群体的形成原因，对制定相应的弱势群体文化教育制度、保证弱势群体文化教育的平等、公平权利，确定和选择图书馆为弱势群体服务的方式、手段和措施有重要的意义。

## 一、弱势群体的成因

弱势群体形成的原因复杂，大致而言有以下几种主要原因：

### （一）主观原因

#### 1.自身行为

自身行为是弱势群体形成的一个特殊原因。有些弱势群体（主要指弱势自然人）是因行为人自身的违法、犯罪行为形成的，如服刑者。这些违法犯罪者被判入狱服刑，便失去了自由，进而成了弱势群体。对于这些特殊的弱势群体，我们必须给予他们特殊的人文关怀。目前，我国许多监狱都推行人性化改造方案，实施"技术改造""文化改造"等计划，对改造的方法和手段不断进行改革。这些富有人情味和人性化的改造措施，有利于促使他们尽快地悔过自新，洗心革面，更有利于他们出狱后的生存、发展和重新做人。

#### 2.心理障碍

心理障碍是弱势群体（指弱势自然人群体）形成的一个主要原因。影响对象主要包括妇女、未成年人（包括智障儿童）、老年人、残疾人等。他们数量巨大，对社会的影响也最大，始终是人们关注的重点。这些心理障碍，有些是先天的，有些则是后天的：有些是因生理原因形成的，有些是因心理原因形成的，有些则兼有生理和心理两个方面的原因。这些客观存在、无法克服和改变的心理问题，往往使他们在工作、生活、学习、生存与发展上处于劣势。

## （二）客观原因

### 1.经济因素

经济困难。这也是弱势群体形成的重要原因。贫困者、流浪者均是因经济原因形成的弱势群体。经济上的困难使他们缺少最低的生活保障，生活无着落，生存权受到威胁，甚至沦落到沿街乞讨的境地。贫富差距的加大和贫困人口的存在，既制约了经济的发展，又影响了社会的稳定。因而，政府和社会都应该十分注意和重视贫困者、流浪者生存问题。

### 2.体制和政策的原因

政策与制度。当初，国家为了巩固国防、加速实现工业现代化和加快城市建设，推行"农业支持工业"和"人民公社化"的政策，实行城乡二元制户籍制度。这一政策和制度的制定和实行，促进了我国的工业现代化和城市化进程，但同时导致了农业的停滞和农民的贫穷，扩大了城乡之间的差距。改革开放以后，党和政府对农村稳定、农业发展和农民富裕的问题进行了深层次的改革，实行"工业反哺农业"的政策，推行了农村联产承包制和合作经营制，免除了农业税，最终实行城乡一元制户籍制度，其目的就是为了加快农业发展和农民脱贫致富的步伐，改变农民的弱势地位，建设社会主义新农村。

社会保障。在我国，社会保障制度并不十分健全，还不能起到应有的稳定和调节作用。首先，社会保障的覆盖范围仍有很大的局限性。过去，养老保障主要是针对城镇正规部门的就业人员，非正规部门的城镇就业者往往与此无缘，农村从事非农经营活动的劳动力不在被保护范围内，更不用说农业劳动力。发展至今，城镇参加基本养老保险的职工所占比例处于一种大幅度上升的趋势。

### 3.信息的贫乏和教育不普及的因素

信息的贫乏，也是弱势群体形成的原因之一。我国乡村人口成为最大的信息"落后者"和信息严重贫困的人群，给农业现代化、农村产业结构调整以及发展农村经济、提高农民收入带来了严重的阻碍。

基础教育。由于种种原因，我国高等教育毛入学率 2007 年约 23%，低文化程度（指初中文化水平及以下）的人口是社会人口的主体。在今天这个科学技术突飞猛进的时代，低文化程度的人群是缺乏竞争力的。2017 年我国高等教育毛入学率以为 45.7％，仍有待提高。

## 二、我国弱势群体的影响

社会弱势群体是普遍存在的一种现象。我国在改革开放和发展社会主义市场经济的进程中也不免产生弱势群体。现阶段弱势群体这一现象的存在对社会的影响是双重的。积极的影响是使在岗职工更加珍惜工作机会，特别是一些企业引入了用工竞争机制，有利于提高劳动效率；而下岗、失业工人在寻求新的工作岗位的过程中，努力学习新知识、新技术，转变思想观念，开发自身潜能，客观上又促进了劳动者整体素质的提高。但在当代社会结构分化中，数量庞大的弱势群体存在，会对社会的健康发展产生一定的消极影响。

### （一）影响党群关系

弱势群体作为一种社会现象，它的形成有社会、个体等诸多原因，而当前社会转型期弱势群体的出现与国家政策和利益分配机制的调整有一定的关系。从弱势群体自身而言，在一定的条件下，他们看到的往往是社会原因，更容易把个人的弱势地位和社会因素联系起来。随着企业改制、收入分配政策的调整等，弱势群体生活困难，感到自身利益相对受损，具有强烈的社会分配不公正、不公平感。如果放任弱势群体大量地、源源不断地产生，将会使得社会成员对社会公正、社会公平等基本价值理念的态度发生消极的变化，对改革的基本理论，如让一部分地区、一部分人先富裕起来，先富帮后富，最终实现共同富裕的政策以及"效率优先，兼顾公平"的原则产生疑虑，会影响党与人民群众之间的关系。

### （二）影响我国经济的发展

导致即期消费欲求萎缩。人们的消费通常分为即期消费和预期消费两种类型，前者表现为花钱以维持日常生活之需，后者表现为存钱以求未来发展之需。弱势群体中的一部分人生活水平较低，境况窘迫，收入虽较以前有所增加，但生活水平并未有根本改善，且由于近年来住房、教育、医疗等不断市场化，他们深刻感受到沉重的预期消费的压力，往往采取压缩即期消费之举，以备不时之需。弱势群体的即期消费欲求被压抑，这在一定程度上导致社会内需不足，消费欲求萎缩，降低经济发展的速度。

造成劳动力资源的极大浪费。劳动力资源是现代经济发展中最宝贵的资源之一，并且还具有损失或浪费后无法弥补的特点。目前，我国弱势群体中的下岗失业人员大都掌握了一定的劳动技能，拥有一技之长。下岗失业使他们处于被闲置状态，无法为社会创造物质财富，影响到经济的发展。

## （三）心理不平衡，社会矛盾进一步激化

就宏观而言，弱势群体心理不平衡，会激化矛盾。就微观而言，弱势群体人群，除了生活上的困难外，在心理或心态上也承受着巨大的压力，怨天或尤人。"怨天"是宿命论，如生在农村，与城里人比，感到投错了胎，命运不济；"尤人"是感到社会不公，与强者比，难以服气，产生怨愤。心理不平衡会造成负面影响，长期积累，可能激化矛盾，导致社会不安定因素的出现。

如果得不到及时和有效的服务与救助，弱势群体会生活在贫困状况之中。一般来说，贫困分为绝对贫困和相对贫困两类，绝对贫困主要是从严重缺乏维持基本生活所需资源的角度界定的，相对贫困主要是指低于社会认可的一般生活水平的生活状况。绝对贫困有损于做人的尊严，社会排挤则威胁社会整合和社会团结。绝对贫困是直观和个体化的，社会排挤是隐蔽和群体化的，两者都是提高人类福利和生活质量的威胁。

综观前述弱势群体对社会的影响，虽然有积极的一面，但不可忽视消极的方面，要树立服务理念，消除不良影响。从为弱势群体服务的角度看，保障其社会权利，维持社会许可的最低生活标准，保持他们做人的尊严，是为弱势群体提供福利服务和社会保障服务的主要理念。对弱势群体的服务主要

是为他们提供支援性服务，目的在于恢复弱势群体的社会功能，增强他们的竞争能力和提高他们参与社会经济生活的能力，以便使他们重新融入主流社会和恢复正常化的生活，维持社会认可的一般生活水平。这主要反映一种结构功能主义的观点，以及增权（empowerment）与能力建设的服务理念。简言之，弱势群体的服务理念和政策目标主要是满足个人的基本生活需要，增加个人权利，提高个人能力和改变社会环境。

## （四）改善社会环境，消除不良社会影响

关心和支持弱势群体是党和政府的一贯政策。中国共产党始终代表人民的根本利益，一直以执政为民为己任。改革开放以来，党和政府在推动经济发展的同时，不断建立健全社会政策，保障广大人民的利益，特别是保护弱势群体的利益，在社会分化明显的情况下，党和政府一再强调要关心困难群众的生产与生活，多次强调了与保护弱势群体有关的内容：在经济发展的基础上，促进社会全面进步，不断提高人民生活水平，保证人民共享发展成果；要建设一个社会保障体系比较健全，社会就业比较充分，家庭财产普遍增加，人民过上更加富足的生活，人民的政治、经济和文化权益得到切实尊重和保障，人民享有接受良好教育的机会的社会；要深化分配制度改革，健全社会保障体系，既要反对平均主义，又要防止收入悬殊，要以共同富裕为目标，扩大中等收入者比重，提高低收入者收入水平。强调要加强就业和社会保障工作，努力提高人民生活水平，做好"两个确保"和"三条保障线"的衔接工作，继续大力推进扶贫开发，增加扶贫投入，提高扶贫开发的成效。

为了促进弱势群体的全面发展，最终改变其弱势地位，我国对弱势群体，首先，要从经济上给予扶助。需要通过政府的财政转移支付加大对贫困落后地区的投入，改善贫困人口的基本生存和生活条件；健全社会保障体系，千方百计地增加城乡低收入群体的收入。弱势群体的收入增加了，生活水平提高了，全社会共同富裕的基础才更加坚实。其次，从政策上给以扶助。制定倾斜政策，增加贫困人口的就业机会；为他们的子女受教育提供必要的条件，加大减免学费工作的力度，使其上得起学；完善司法救助制度，确保弱势群

体的当事人能打得起官司，切实保障他们的基本权益。再次，更要从精神上给予关怀和扶助。对于弱势群体中的大多数人来说，走出困境、由弱变强的一个重要前提，就是要有一种自我振奋、自强自立的精神状态。全社会应该行动起来，共向关爱弱势群体。对于弱势群体来说，多一分社会关爱，就多一分自信，多一分摆脱困境的精神力量。图书馆是社会公共服务系统，用精神食粮去鼓励、影响、引导弱势群体，为他们走出困境、由弱变强营造社会氛围，创造有利条件。

# 第三节　弱势群体的教育、文化权利

## 一、教育公平与文化公平是公民的基本权利

受教育权是公民享有文化权利的基础。我国宪法规定，中华人民共和国公民有受教育的权利和义务。我们历来认为，受教育的权利是人的全面自由发展的重要前提，是公民真正享有文化权利的基础。教育公平是社会公平的重要内容，是社会公平在教育领域的延伸，也是实现社会公平的重要手段和途径。教育要发挥促进社会平等的功能，必须以自身的公平为前提和基础。如果教育本身不公平，其促进社会平等的功能就无从发挥，甚至可能会再生社会的不平等。经过多年的"扫盲"和普及九年制义务教育工作，我国在实现教育公平的目标上取得了举世瞩目的成就。与此同时，在教育不断发展的今天，弱势群体受教育应受到更大的关注。

### （一）公平和教育公平

追求公平是人们自古就有的理念，而人们对于公平的理解则是仁者见仁，智者见智。孔子曰"不患寡而患不均"，《吕氏春秋·贵公》中言"公则天下平矣，平得于公"。在西方，古希腊的思想家们把公平规定为和谐与秩序。从学理上讲，公平是人们对于利益分配的一种价值认识和价值评价，它是一个规范性的概念，是人们根据自身利益和需要对社会和社会事实的认定与评价。

教育公平是一个动态的历史的概念，它随着社会经济、政治、文化和教育自身的发展而发展。最早将教育公平作为一种教育理念提出来的是美国的科乐曼。目前，对于教育公平的概念没有一个统一的认识，常见的一种观点是将"教育公平"等同于"教育机会均等"。教育机会均等包括三层含义：一是教育机会（入学机会）平等，所有的适龄儿童和青少年都有进入学校接受教育的机会，

不能因为他们自身以外的原因（如经济、政治、信仰、民族、性别等）而失学（除非没有接受教育的能力）；二是受教育过程中的机会均等（主观因素指教师在教学过程中的平等态度等；客观因素指入学后享受的教育资源，如校舍、设备、师资等）；三是教育结果平等（通过教育取得同样的效果）。教育公平不等于绝对的平均，真正的教育公平必须在承认个体差异的同时允许教育中"不公平"的存在，从这个意义上说，教育公平是具有相对性的。

## （二）文化平等权

《世界人权宣言》提出："人人有权享受其本人及其家属康乐所需之生活程度，举凡衣、食、住、医药及必要之社会服务包括在内；由于失业、患病、残废、寡居、衰老，或因不可抗力之事故致其丧失生活能力之情形时，有权享受保障。"作为社会成员尽管社会分工与社会地位不同，社会效用与价值也不一样，但是人的生命价值是相同的，都是作为人所拥有的价值与权利，都应受到尊重。

文化权利是公民所享有的基本权利之一。《经济、社会及文化权利国际公约》强调，经济、社会、文化权利完全应该作为文明社会人们所享有的基本权利。

弱势群体是我们社会中的基本劳动群众，是我们政权的重要支撑和基础。他们和所有社会成员一样都享有公民的基本权利，当然也享有文化权利。图书馆应对所有读者不予任何区别的对待和人为限制，营造一个充分尊重读者人格的平等的文化环境。

# 二、我国弱势群体在教育、文化权利上的现状与困境

我国现阶段由于生产力水平的限制，缺乏为每个人提供自由选择同等水平教育机会的物质基础，教育还存在诸多的不公平现象，具体表现在弱势群

体的教育问题上。

在入学机会方面：目前虽然对于弱势群体整体入学率没有一个统一、精确的统计数据，但有的数据表明各类弱势人群的入学率相对较低。

在受教育过程方面：从主观方面而言，部分教师对待残障、智障以及家庭贫困的特殊学生存在不同程度的不平等。近年来，我国推进了一种特殊儿童安置政策——随班就读，但该政策在实施过程中出现阻力。客观方面，教育资源的投入比例不公平，仍然偏向于强势群体。

在学业成功机会方面：上述两个方面的不平等，必然导致结果的不平等。调查显示，在城市的重点中学及高等教育入学机会上，不同阶层子女存在明显差别。在城市重点中学，出身干部和知识分子家庭及条件优越家庭的学生占绝大多数，绝大部分出身普通家庭的子女他们在学业上成功的机会远远小于强势阶层。现阶段，与教育过程、学业、成就方面的不公平相比，弱势群体教育最重要、最突出的问题仍是入学机会的不平等。

导致弱势群体教育机会不均等的原因是由主客观两方面的因素造成的：主观方面包括教育决策失误、教育资源配置不合理和教育者自身素质等；客观方面包括经济与文化发展的区域差异、个体生理差异、技术水平等因素。

公民文化参与存在文化背景、受教育程度、社会地位、地域等差别。目前，我国绝大多数农民工的文化生活依然单调乏味，相当数量的农民工很少参加文化活动，农民工文化权利的实现度较低。某些政府部门针对农民工的公共文化服务十分薄弱，某些地方将农民工排斥在公共文化服务体系之外，形成了针对农民工的事实上的文化障碍与文化排斥。

## 三、实施教育、文化公平的措施

我们必须建立合适的弱势群体教育补偿机制，以体现教育公平的原则。对弱势群体进行补偿，就是对那些在分享教育机会、权利和资源过程中处于不利境地的社会群体与个体，通过必要的立法、政策和其他行政手段来进行补偿，从而增进教育的整体公平水平。具体要求：一是对于教育实践过程中现实的不平等（机会不平等和过程不平等）进行补偿，二是通过补偿机制对受教育者因经济、生理、文化背景等因素所造成的差异进行补偿。我们通过对当前我国弱势群体的教育现状分析，提出解决弱势群体教育不公平问题的几点拙见。

经济补偿：从公平角度出发，国家应通过教育财政转移支付等手段，实行教育资源区域发展的"非均衡投资战略"。从本质上说，教育公平是和资源的享受联系在一起的，按照罗乐斯"不均等地对待不同者"的公平原则，我们在教育资源的分配中应充分考虑弱势群体所处的特殊状态，使他们的权利、义务与其需要和能力对等，只有这样的分配才是真正公平的。通过教育财政转移支付和其他行之有效的扶贫政策对物质条件上较为欠缺的群体和个人适度倾斜，改善其受教育条件，提高教育质量，缩小地区差异，才能实现教育公平。教育弱势群体在实现教育公平的方式和途径上的不同是由弱势群体的特殊性决定的。例如对特殊儿童加大教育投入力度，对农村和贫困学生实行学杂费减免的同时发放助学金，实行高等教育缴费入学和成本分担政策等。我国教育弱势群体中有较大一部分人属于经济弱势，他们由于经济落后，失去了平等的学习机会。因此，必须建立经济补偿机制。

法律与政策补偿：它是实现整个社会教育公平的核心所在。一方面，纵观我国的教育法制体系，上自国家的根本大法《宪法》，下至《义务教育法》《教育法》，均对教育弱势群体的平等受教育权利做出了刚性的规定。如《宪法》第 45 条规定："国家和社会帮助安排盲、聋、哑和其他有残疾的公民的劳动、生活和教育。"《教育法》第 9 条规定："中华人民共和国公民有受教育的权利和义务。公民不分民族、种族、性别、职业、财产状况、宗教状况、宗教信仰等，依法享有平等的受教育的机会。"但这些规定大都着眼于原则且专项立法较少，特别是对于侵害弱势群体受教育权利行为的处罚规定不够明确，导致了实际操作过程中的困难。就我国教育现状来看，进行有关农村教育、女子教育、残疾人教育的立法较为紧迫，应在教育政策上给予这些弱势群体以补偿。

社会补偿：社会补偿主要包括两大方面。主观方面，要转变社会观念，尊重弱势群体，要克服歧视穷人和妇女的错误倾向。对于特殊儿童，不要将他们看作是与普通人不一样的"异类"，而应付出更多的爱心，从精神上给予弱势群体以帮助。客观方面，依靠政府财政及社会捐助，吸收社会闲散资金建立"教育互助基金"，增办民间的"希望工程""爱心工程"，从经济上给予弱势群体以扶助。

保障弱势群体公平的文化权利。文化权利的实现需要强有力的国家干预，需要大量投资，要确定公民的最低文化指标，确定公共文化服务标准和实行这一标准的条件；要消除文化贫困，减少文化不公平，使全体公民在利用文化空间、文化设施、文化工程方面具有相同的参与度。

文化政策向"文化弱势群体"倾斜，保证文化资源与文化财富在分配对象、内容与方式上的公平正义。要通过协调地区之间、城乡之间以及不同阶层之间的文化资源配置，防止公共文化资源过分集中于发达地区、城市与高收入群体，确保公共文化均衡发展。关注弱势群体的文化权利，保证最低收入群体能享有基本公共文化服务。出台文化扶持政策，保护弱势群体和贫困地区的文化权利，缩小地区间的文化差距。在城市，重点要着眼于农民工的"市民化"，为农民工参加文化活动提供基础设施保障；要向农民工及其子女开放全部公共文化设施和公共文化空间，使农民工及其子女能自由或以成本价格利用群艺馆、文化馆、图书馆、文化广场、健身广场等基本文化基础设施，方便农民工学习文化；在农民工比较集中的地方可以兴建一些文化娱乐场所，或专门开辟农民工文化活动专区；加强社区对农民工的承载功能，为农民工提供阅读图书、报刊的场所，让农民工作为社区一员，参加社区举办的各种文化活动，培养农民工社区文化。注重把弱势群体的文化权列入保护的范畴。

# 第二章　图书馆与弱势群体

## 第一节　弱势群体是图书馆读者的重要组成部分

### 一、弱势群体是图书馆的读者

弱势群体是社会平等的一员，应平等地享有政治权利、经济权利、社会权利、文化权利和教育权利等。他们是图书馆读者的重要组成部分，做好为弱势群体服务，保障弱势群体的文化平等权和利用图书馆的基本权利（读者权利），是图书馆应尽的职责。

### （一）读者是图书馆的重要组成部分

图书馆是人类社会活动的产物，是人们共同使用人类精神财富的一种组织形式，在其发展过程中体现出不同社会形态的特点。图书馆的产生，是由于文献增多，需要对它们进行整序、保存和利用。图书馆不仅保存了人类文化遗产，使人类一代一代从知识传播与交流中受益，而且通过横向传播与交流，使人类逐步消除知识鸿沟，共同富裕，从而推动社会的进步和安定。从古代的"藏书楼"的私家收藏，到现代的"开放交流"和信息时代的"资源共享""公众服务"，图书馆的职能不断扩大，读者也越来越具有广泛性。图书馆是公益性文化教育机构，它注重社会全体成员的公共利益。图书馆的建筑、设备和书刊资料是公共物品。"公共物品"是指政府提供的由公民税收支持的代表公共利益的物品或服务，为社会所有成员提供免费服务。公益性是图书馆的立馆之本。图书馆的公益性体现了公民获取信息的民主、公平、平等原则（即"知识自由"原则），体现了信息共享原则。从图书馆发展史可知，图书馆的建立不仅维护和保障了公民求知的自由和权利，还通过资源共建共享实现了其社会效益的最大化，保证了其非竞争性、非排他性、非分割性之特点。世界文明史和图书馆事业史已充分证明了这一事实。

如今，图书馆已经成为信息社会广大社会成员使用馆藏资源，进行文化交流和休闲娱乐的场所，尤其是公共图书馆，它成为公共文化服务体系的重要组成部分，为社会各阶层、各行业提供服务。凡是具有利用图书馆资源条件的一切社会成员（公民），包括老年人、儿童、残疾人、低收入的社会成员等弱势群体也是社会成员的一部分，均可成为图书馆的读者，享受公民应有的文化权利和利用图书馆的权利。图书馆应以人为本，走近平民，关心弱者，平等服务，缩小数字鸿沟，建立一个信息公平的保障制度。

### （二）为弱势群体服务是图书馆的职责

弱势群体是社会平等的一员，应平等地享有政治权利、经济权利、社会权利、文化权利、教育权利和劳动权利。而出于种种原因，他们不能正常地享受应有的文化权利，需要社会各方面的共同努力来解决这一不平等问题。图书馆是从事文化服务的社会文化教育机构，做好为弱势群体服务，保障弱势群体的文化平等权和利用图书馆的基本权利（读者权利），是图书馆应尽的职责。

## 二、弱势群体的文化权利

享受文化权利是全体社会成员的重要权利，不论其种族、肤色、性别、语言、国籍、出身等如何，都有权享受文化权利。弱势群体是社会成员的重要组成部分，理所当然应平等享受文化权利。

### （一）文化权利的内涵

1948年12月10日联合国大会通过的《世界人权宣言》第27条规定：人人

有权自由参加社会的文化生活，享受艺术，并分享科学进步及其产生的福利；人人对由他所创作的任何科学、文学或美术作品而产生的精神的和物质的利益，有享受保护的权利。《经济、社会及文化权利国际公约》第15条规定：一、本公约缔约各国承认人人有权：（甲）参加文化生活；（乙）享受科学进步及其应用所产生的利益；（丙）对其本人的任何科学、文学或艺术作品所产生的精神上和物质上的利益，享受被保护之利。二、本公约缔约各国为充分实现这一权利而采取的步骤应包括为保存、发展和传播科学和文化所必需的步骤。三、本公约缔约各国承担尊重进行科学研究和创造性活动所不可缺少的自由。四、本公约缔约各国认识到鼓励和发展科学与文化方面的国际接触和合作的好处。

文化权利包括的内容很多，概括起来可以归纳为三个方面：

一是享受文化成果的权利，即文化权利的普遍性。也就是说：当文化产品和服务的供应，不仅仅是作为一种经济产量和产值，也不仅仅具有少数人评奖的意义，而是被绝大多数人享受，成为公共生活质量的一个组成部分之时，这种文化权利才有了普遍的社会人文价值。

二是参与文化活动的权利，即文化权利的主体性。因为文化对于人的发展的根本价值，不但体现在完成的文化结果中，而且体现在主动的参与过程中。必须通过开展各种各样的社会文化活动，包括我们城市正在建设的社区信息苑、数字化图书馆、学习型企业组织、外来工文化之家等，才能让公民在各得其所的文化参与中，获得自我肯定的体验和快乐，使他们不仅是文化成果的购买者和消费者，还是文化活动的实践者和体验者。

三是开展文化创造的权利。在生产力低下的年代，大多数人不得不从事基本生产资料和生活资料的生产；而在信息化和知识经济的年代，随着科技的进步、知识的普及和民主的进步，越来越多的公民拥有了文化创造的物质条件和自由时间，也就焕发了文化创造的巨大热情。

逐步实现基本公共服务均等化。这是逐步形成惠及全民的公共服务体系的基础，是构建社会主义和谐社会的内在要求。保障人民群众的文化权利，就要充分保障人民群众享有基本公共文化服务的机会和权利。我国人口众多，弱势群体占了一定的比重，他们与其他公民在享受基本公共文化产品和服务的机会与结果方面应该是均等的。政府要提供足够的公共文化服务资源满足需求。在提供大体均等的基本公共文化服务的过程中，尊重社会成员的自由选择权。

## （二）弱势群体的文化权利保障

弱势群体经济上的贫困往往源于文化素质的低下，文化扶贫是从根本上解决贫困问题、实现共同富裕、建设和谐社会的有效途径。我国政府把保障基层民众和弱势群体的基本文化权益放在突出的位置，提出切实维护低收入和特殊群体的基本文化权益。采取政府采购、补贴等措施，开辟服务渠道，丰富服务内容，保障和实现城市低收入居民、残疾人、老年人和农民工等群体的基本文化生活需求。把文化信息资源共享工程作为国家重大文化设施、重要文化工程项目的一个项目，把人民出版社、盲文和少数民族语言文字出版单位，作为重点扶持的出版单位，把乡镇综合文化站建设、流动综合文化服务车作为农村文化建设重点工程，体现了政府要为弱势群体提供享有信息及文化资源、参与文化活动的均等机会。为使文化公平落到实处，政府将用两个机制作为保证。

一是建立农村文化建设的长效机制。增加政府投入，调整资源配置，着力推进农村文化建设重点工程，加大文化资源向农村的倾斜，建立农村文化建设的长效机制；农村公共文化建设要纳入各级政府重要议事日程和政府目标管理责任制，纳入创建文化先进县（市）、文化先进乡镇和创建文明村镇等相关评价体系，所需经费纳入政府财政预算；建立健全基层文化单位的评价体系，将服务农村、服务农民作为基层文化单位工作的重要考核内容。

二是建立健全文化援助机制。通过东部地区对西部地区、城市对农村开展"一帮一"对口支援活动，帮助农村和西部地区解决文化产品和服务相对缺乏的问题，支持其文化建设。这标志着政府对弱势群体的关注开始深入到文化和知识援助层次，保障其文化权益，为他们提供平等的参与社会文化生活的机会和能力。《中华人民共和国残疾人保障法》提出，国家保障残疾人享有平等参与文化生活的权利；并规定，各级人民政府和有关部门鼓励、帮助残疾人参加各种文化、体育、娱乐活动，积极创造条件，丰富残疾人精神文化生活。

公共图书馆作为公共文化服务的一支重要力量，在保障弱势群体的文化权益方面应积极努力，抓住机遇，争取政府和社会加大投入力度，构建为弱势群体服务的文化设施，保障弱势群体能正常、无障碍、平等地利用图书馆。

# 三、弱势群体的读者权利

读者权利是弱势群体应有的基本和最重要权利之一，近年来受到国际社会、各国政府，特别是图书馆界越来越多的重视。这不仅体现在认识和法律制订上，还融入图书馆的具体实践中。

## （一）读者权利的含义

权利，简单地讲就是公民依法可以实施的行为和享有的利益，这种行为和利益是通过宪法和其他法律予以保证的。读者权利主要是指读者自由、平等地利用图书馆的一切合法权利。读者依法可以自由地享受图书馆提供的各种服务，利用图书馆的资源获取知识和信息。联合国教科文组织在1972年国际图书年会曾发布了《图书宪章》，宣布："每个人都有阅读的权利。社会有责任保证每个人都有机会享有阅读的权利。"

读者权利具有普遍性，就像如今人人所享有的生存权、劳动权、受教育权一样。作为前人辛勤劳动的结晶，文献信息资源不是专属某一个人、某一机构或某一国家的遗产，而是留给全人类的精神财富，每个人都可分享。文明社会发展的动力源于其社会成员对科学知识的不懈追求，文明社会的标志在于社会成员普遍具有健全的心智。这一切都需要有完善的读者权利作保障。

读者权利最显著的特点是公平性，即任何公民在法律上均享有这一权利。读者权利属于公民信息自由权的范畴。公民信息自由权指的是公民依法可以自由地获取、加工、处理、传输和保留信息的权利。读者权利涵盖的范围应是公民信息自由权的一部分。

从读者权利的含义可知，弱势群体应成为图书馆的读者，享有利用图书馆文献资源的权利。

## （二）弱势群体利用图书馆的权利

读者通过利用图书资源，获取知识和信息，提高自身科技文化知识水平，是一种自我教育、自我提高的文化活动。读者权利所包含的内容十分丰富，包括以下几个方面：

第一，平等权。从理论上讲，社会的所有成员都是图书馆（特别是公共图书馆）的读者，只要持有合法的有效证件并愿意遵守图书馆的规章制度，都应是图书馆服务的对象。现实中不少图书馆由于受到种种条件的限制还不能完全做到这一点，特别是社会弱势群体往往被图书馆所忽视。作为公益性文献信息机构的公共图书馆，更应尽力满足包括社会弱势群体在内的所有公民的阅读要求；教育、科研等系统的图书馆应逐步向全体公民开放。

社会的所有成员都有平等利用图书馆的权利。弱势群体利用图书馆并受到平等和礼貌的对待，是其应有的合法权利。《公共图书馆宣言》中明确规定："每一个人都有平等享受公共图书馆服务的权利，而不受年龄、种族、性别、宗教信仰、国籍、语言和社会地位的限制。对因故不能享用常规服务和资料的用户，例如少数民族用户、残疾用户、医院病人或监狱囚犯，必须向其提供特殊服务和资料。"因此，图书馆为弱势群体服务是应尽的义务。他们在利用图书馆过程中有权受到礼貌和尊严的对待。

第二，知情权。读者在选择、使用图书馆资源或者服务过程中，有权了解文献的主题范围、文献的质量、文献的价格、文献的存在状态、文献的馆藏范围、文献的分布等与图书馆有关的各种信息；读者有权了解图书馆的各项规章制度，这是图书馆要求读者遵守规章制度的前提。

第三，文献信息的阅读权。阅读是每一位公民的文化权利，弱势群体的阅读权是其利用图书馆的最基本权利。弱势群体的文献阅读权应包括文献借阅权、文献的查询权和文献的复制权等内容。①文献的借阅权指弱势群体有借阅自己所需书刊资料的权利，包括在图书馆内阅读。②文献的查询权指弱势群体有获知文献或知识信息的收藏地点、主题内容等消息的权利。这就要求图书馆必须向弱势群体提供真实可靠的文献信息，而弱势群体在接受服务时有权了解该馆的藏书体系、书目体系、现代化设备的操作等问题。③文献的复制权是指弱势群体出于个人学习、研究和欣赏的需要，少量复制已发表的作品的权利。这种复制行为是合理的。图书馆应该为弱势群体提供相应的复制设备，但无权收取复制成本以外的费用。

第四，服务保障权。弱势群体在接受图书馆信息服务的过程中，应当获得相应的保障，以真正满足其需要。弱势群体的服务保障权主要通过以下几项权利实现：①接受免费服务的权利。图书馆是国家兴办的公益性文化事业，图书馆的读者服务活动以非赢利为目的，因此图书馆提供给弱势群体的服务应以免费服务为主要方式，即使如复印等需另外消耗某些物质材料的特殊服务，所收费用也应以成本为限。②空间和设备使用权。为保证书刊借阅等利用图书馆的活动顺利进行，弱势群体有权要求图书馆配备无障碍设施和提供无障碍的检索、阅览、视听、复印设备，同时图书馆必须拥有足够的阅览学习空间和照明设备，并尽可能配备必要的空气温度调节装置，以保证弱势群体能有效地使用设施、设备获取需要的信息。③接受信息获取能力培训的权利。图书馆向现代化、数字化发展，带来图书馆服务手段和服务方式的快速改变，因此图书馆有义务开展各种弱势群体培训活动，扫除弱势群体读者获取信息的技术障碍。

第五，自由选择权。即服务的尊重权。从道德意义上讲，权利是对人的一种肯定与尊重，所以弱势群体应该在图书馆得到尊重。由于弱势群体是一组比较脆弱的人群，这就需要图书馆人对他们更加耐心和宽容，切实维护他们的权利，尊重他们，在服务中体现友善、平等、诚挚的精神，使他们感到"图书馆面前人人平等"。平等就是对所有的读者特别是弱势群体读者人格的尊重。读者对阅读内容和方式有自主决定权，不应受别人支配和安排，更不允许人为地设置障碍进行阻止。弱势群体有自由选择文献信息和服务方式的权利。图书馆藏书体系应当实行开放式管理，优化藏书结构，让弱势群体方便快捷地去选择文献。对服务方式，如参考咨询、电话预约、邮寄外借、委托借书、复印翻拍、专业培训、送书上门、使用场地等，弱势群体都有权自由选择。

第六，读者安全保障权和读者人格尊严权。图书馆有保障读者人身和财产安全的义务，即读者在接受服务时享有其人身、财产安全不受损害的权利。读者在利用图书馆资源获取知识和信息时，享有其人格尊严得到尊重的权利，弱势群体也不例外。

第七，隐私权。隐私权是公民的一项重要民事权利。读者阅读什么图书，属于利用者的个人秘密，除法律规定的情形外，图书馆不能将使用者的读书事实向外部泄漏。包括读者向图书馆提供的一些个人身份资料以及所需交找的文献信息等，图书馆应给予保密，不得泄露，以确保读者的隐私权得到先分的保障。弱势群体的隐私更应保护。

第八，读者的监督权。读者的监督权是有效地保证读者其他权利实现的重要环节。其中包括对图书馆及其工作人员有提出批评和建议的权利，对图书馆及其工作人员的违法失职行为行提出申诉、控告或者检举的权利。

## （三）弱势群体读者权的保护

弱势群体是图书馆读者的重要组成部分，也平等地享受读者的权利，图书馆应保障弱势群体的阅读权。在构建社会主义和谐社会时，弱势群体读者权利得到了全社会的重视，并在图书馆实践中得到落实。

### 1. 认识水平的提高

早在1931年，印度图书馆学之父阮冈纳赞提出著名的"图书馆学五定律"，就贯穿了以读者为中心的思想。"图书馆学五定律"奠定了读者权利问题的理论基础，促进了人们对这一问题的认识。1995年，美国学者米切尔·戈曼在他的一部新著《未来图书馆：梦想、狂想与现实》中，又提出了发展图书馆事业应遵循的五条新法则，或称"新五律"。"新五律"除将"读者"一词改为"用户"外，同样给予读者权利以最大的重视。1998年在荷兰阿姆斯特丹召开的国际图联第64届大会，讨论的主题之一就是图书馆应充当所有人的精神保护区。也就是说，在人生道路上人们需要指导，需要信息，也需要文化保护，而在图书馆这个保护区里，来来往往的人们可以随意利用藏书，并且从中得到安慰与启迪。

在构建和谐社会时，弱势群体利用图书馆权利问题已引起党和政府的高度重视，图书馆服务向弱势群体倾斜，已成为图书馆界的共识和自觉行动。

2.相关法律法规的制定

我国宪法不仅规定了公民的文化权利，还规定了保障公民文化权利和受教育权利的措施。国家为了保障公民文化权和受教育权的实现，无偿地为公民（读者）提供学习各类科技文化的场所，包括图书馆在内，以便使广大读者实现自己通过图书馆获取知识的权利。另外，读者应该履行不损害国家和社会公共利益，合法利用图书资源的义务，并且有把所学知识用于国家建设的责任。

《中华人民共和国教育法》第42条、第43条和第51条规定："国家鼓励学校及其他教育机构、社会组织采取措施，为公民接受终身教育创造条件"；受教育者享有"参加教育教学计划安排的各种活动，使用教育教学设施、设备、图书资料"的权利；"图书馆、博物馆、科技馆、文化馆……以及历史文化古籍和革命纪念馆（地），应当对教师、学生实行优待，为受育者接受教育提供便利"。

《残疾人保障法》《未成年人保护法》等法律还对保障特殊公民的阅读权利做出了专门的法律规定。与保障公民自由使用图书馆权利有关的国际公约有《经济、社会及文化权利国际公约》《公民权利和政治权利国际公约》等。我国与读者权利和图书馆发展具体有关的法律和规章制度有1957年国务院颁布的《全国图书馆协调方案》、1982年文化部正式颁发的《省（自治区、市）图书馆工作条例》、1987年国家教委颁布的《普通高等学校图书馆规程》、1987年中国科学院颁发的《中国科学院文献情报工作暂行条例》。

国外有关法律的制定开始得更早：1850年英国就制定了第一部图书馆法——《公共图书馆法》，已涉及读者权利的内容；1856年美国联邦政府第一次通过了全国图书馆法；1948年日本也通过了图书馆法。据不完全统计，目前世界上已颁布了几百部专门的图书馆法。这些虽都还不是专门的读者权利保护法，但都在不同程度上明确了弱势群体利构图书馆的权利，使图书馆文化由此注入了民主自由、平等权利的积极因素。与读者权利法关系较为密切的相关法律法规有：《美国图书馆权利法案》，该法案规定个人使用图书馆的权利，不得因性别、种族、宗教、国籍或社会、政治观点而被否定或剥夺；《苏联图书馆事业条例》，规定公民、企业、机关、团体均有利用图书馆的权利；

联合国教科文组织《公共图书馆宣言》，指出公共图书馆应当随时都可以让人到馆，它应当向社会上一切成员自由地、平等地开放，《图书宪章》规定每个人都有阅读的权利。社会有责任保证每个人都有机会享有阅读的权利。虽然有相关的法律来维护弱势群体的读者权利，但要全面地实施，任重而道远。我们相信，随着社会的发展、经济基础的雄厚以及人们对弱势群体权利保护问题认识的不断提高，这一天终将来临。

### 3. 重视弱势群体读者权利在图书馆实践中得到落实

重视弱势群体的读者权利，千方百计满足弱势群体的需要已成为图书馆工作的重要组成部分。从读者借阅证发放、业务工作、读者借阅服务，到图书馆设计布局、环境选择与保护、设备配置等已开始考虑弱势群体的需求。以我国图书馆建筑为例，近些年无论是新馆建设，还是老馆改造，无障碍设施建设都成为一个部分。许多新馆设有残疾人士阅览室，建设方便弱势群体利用图书馆的盲道、坡道等无障碍服务设施。想方设法，克服困难，向弱势群体敞开了大门，例如南京图书馆、苏州公共图书馆等。

读者权利也是弱势群体的一项基本信息自由权。随着法律的完善，和谐社会的建设和科学发展观的落实，弱势群体读者权利也越来越引起人们的注意。特别是北京2008年残奥会的举办，改变了人们对残疾人等弱势群体的观念，残疾人等弱势群体的平等权得了社会的普遍关注，党和政府以及社会各界都开始注意到阅读和使用信息的权利也是残疾人等弱势群体重要的人生权利之一。各图书馆也在行动上关心这一特殊群体，从图书馆的无障碍建设到提供无障碍服务都得到了前所未有的发展。

尽管弱势群体权利保护在不少方面已取得了积极的进展，但仍存在不少问题：可用信息资源存在较大差距，无障碍设施建设不完善或形同虚设等情况严重存在，弱势群体权利行使仍受到许多限制，仍存在明显故意侵犯弱势群体权利的行为。维护残疾人等弱势群体利用图书馆的平等权任重而道远。

# 第二节 为弱势群体服务是图书馆职能的体现

为弱势群体服务是图书馆的职能所在。所谓"职能",包含"职"和"能"两个方面的含义:职者,执掌、主管之意;能者,能力、能够、胜任之意。也就是说,职能是指人、事物、机构应有的作用和功能。那在为弱势群体服务中图书馆的职能是什么?也就是说,图书馆这一机构在为弱势群体服务时应有的作用、功能是什么?

## 一、图书馆基本职能与弱势群体服务

图书馆的基本职能主要有两个部分:收集、整理文献信息与传递文献信息。

### (一)对知识、信息的物质载体进行选择、收集

这是图书馆开展服务工作的基础。为弱势群体服务,要选择、收集适合弱势群体使用的知识信息。图书馆在建立文献收藏时要考虑到各个层面主体的需求。

弱势群体是一个重要的层面,图书馆须根据弱势群体需求的具体情况购置资源:对于下岗职工,可购买实用的电脑操作、服装加工、养殖、家政服务等书刊;考虑到有生理困难的人群,应适当采购大字书、盲文书、手语书等;与其他社会救助机构合作编制机构名录、服务指南,帮助弱势群体利用社会求助体系;通过自行编制相关资料或创建数据库,从馆藏文献及网络信息中采集当地弱势群体所需要的社会、经济、法律等资料,为弱势群体提供市场信息、科技知识、网络信息等。

## （二）对知识、信息物质载体进行加工、整理、存储、转化

这一职能通常是通过对馆藏文献信息的分类、编目、保管、贮藏等手段来实现的。对弱势群体所需的文献资源，同样需要加工整理。分散的、无序的文献信息会使人茫然不知所措，何况使用者是知识、经济和文化上处于劣势的弱势群体。所以，对社会文献信息整理，使其成为有序的文献信息集合体，是为弱势群体平等利用图书馆扫除障碍，打下基础。中国图书馆分类法中也有特殊文献信息的分类号，例如"盲文"图书的分类号为"H126.2"，"特殊教育"的图书分类号是"G76"等。如果没有文献信息整序的职能，图书馆的性质就无法体现，为弱势群体服务的功能也无从谈起。

## （三）对文献信息的传递主要是通过借阅流通、参考咨询来实现的

图书馆传递文献信息主要有文献的内容信息、馆藏信息、网络信息和传递形式等。由图书馆的读者服务和咨询部门来实现图书资料和信息情报的传递，通过服务、培训、阅读辅导等形式向读者传播科学文化知识、传递信息情报。弱势群体很大程度上不懂得现代信息技术，缺少学习机会及学习能力，因而逐渐落后于时代和社会。图书馆作为"没有围墙的大学"，"是人民的终身学校"，弱势群体可以从这儿获取信息，改变知识结构，提高知识水平，获得为社会所认可的知识和技能，争取就业或再就业的可能。

# 二、图书馆社会职能与弱势群体服务

图书馆的社会职能有保留人类文化遗产、文献信息传递、开发智力资源、进行社会教育和文化欣赏娱乐消遣。图书馆的社会职能在不同的历史阶段有

不同的主导职能，是受一定时期的社会政治、经济、文化影响的。中国古代的藏书楼是以收藏为主要目的，而现代图书馆是以传递文献信息和服务大众为主要职能，向社区和家庭延伸，向弱势群体倾斜，提倡近距离的人性化服务，使图书馆真正成家庭和弱势群体的良师益友，终身学习和文化娱乐的中心，成为弱势群体传播信息和交流沟通的中心。

## （一）保存人类文化职能

保存人类文化遗产是图书馆最古老的职能，直到现在，仍旧是图书馆的基本职能。图书馆在自身发展的过程中，保存对象的形式不断发生变化，从最初的甲骨文、纸草泥版，到近现代的印刷型图书，再到当代的磁盘、光盘、磁带、缩微胶片等，只要是人类社会每前进一步所留下的文化遗产，都可作为图书馆保存的对象。弱势群体也是文化的创造者和使用者。中国古代的孙膑、司马迁到现代的张海迪等，弱势群体创造了一大批优秀的文学作品和历史著作；外国有海伦·凯勒的《假如给我三天光明》等优秀作品，霍金等人的科学著作，都是图书馆应该收藏和保存的文化成果。另外，许多反映弱势群体自强不息的优秀文学作品和文献，也是图书馆保存和收藏的对象。但是，与古代图书馆保存文化遗产的目的不同，现代图书馆的保存职能更多地体现在利用上，保存的目的在于使用。虽然现在收藏和保存的职能在图书馆的各种职能中处于从属地位，但它依然是图书馆固有的和代表性的职能。弱势群体和反映弱势群体的文化产品，通过图书馆的收藏、保存，才能得以使用、传播。

## （二）文献信息传递职能

图书馆有对知识、信息的物质载体进行传递和提供使用的职能。它传递文献的内容信息和图书馆的馆藏信息，在信息化时代传递网络信息。这种文献传递的方式有主动传递和被动传递之分。主动传递是指图书馆能够根据读者对信息内容的需求，主动地进行文献信息服务，为读者提供其未知的文献信息，如新书报道、书目推荐等服务。被动服务就是读者向图书馆提出确定的文献需求，由图书馆员通过借阅流通等来满足，如借阅、咨询等。目前，图书馆为弱势群体提供文献信息服务，还处于被动传递服务阶段，如送书上门、预约借书、文献代查、电话咨询服务等，也可说是被动的人性化服务。随着网络化和信息化的进一步发展，图书馆在信息咨询服务方面要突破传统的知识信息的范围，扩大到日常生活信息，如弱势群体所关心的保险问题、医疗问题、法律问题、科技问题及就业方面的问题等。不同类型弱势人群的知识文化信息需求存在一定的差别，图书馆要加强对弱势群体信息需求的调研，通过相关弱势群体管理部门了解他们的困难和需求，亦可深入这些人群中了解其信息需求，有的放矢地收集他们所需信息文献，并及时提供给他们。

## （三）开发智力资源和进行社会教育的职能

开发智力资源，进行社会教育，是图书馆的重要职能。图书馆馆藏文献是人类文化科学思想的结晶，也为图书馆从事智力开发、进行社会教育提供了丰富、雄厚的物质基础。为弱势群体服务，就要利用图书馆的信息资源和设备设施，开发弱势群体智力，进行社会教育。

智力资源的开发，主要包括三个方面：一是开发馆藏资源，二是开发网络资源，三是启发用户智力，培养用户进行科学思维的能力。弱势群体中许多人不仅是经济资源的缺乏者，还是文化资源、信息资源的缺乏者。图书馆可以通过对弱势群体的信息教育和培训，增强其信息意识。向他们介绍信息技术和网络知识，传授信息获取的途径和方法，提高他们获取知识信息的能力，改善或改变他们弱势的处境。这种知识援助和智力开发的作用，是其他社会机构所不能代替的。

图书馆进行社会教育，是从为社会提供自学场所这一角度提出来的。图书馆不是实施教育的主体，实现教育的人是用户本身，是社会上大量存在的自学者。蔡元培指出："教育不专在学校，学校之外，还有许多机关，第一是图书馆。"教育职能是历史赋予图书馆的一项神圣使命。现代图书馆是一个社会教育机构，是一所没有围墙的学校，是每一个公民接受终身教育的场所。图书馆有丰富的馆藏，有自古以来人类创造和积累的各种信息资源。图书馆以其丰富、多样化、多载体的文献信息为物质基础，为人们知识的更新和积累提供最大的便利条件，成为人们日益倚重的获取知识的重要场所。不同年龄、不同层次的人员都可以在图书馆找到和学到自己所需的知识。这样广博的知识信息贮藏和全方位、多层次的教育范围，是任何一个教育机构所不具备的，是学校和其他社会教育机构所不能替代的。弱势群体经济上的贫困往往源于文化素质的低下，文化扶贫是从根本上解决贫困问题、实现共同富裕的有效途径。

对弱势群体的人文关怀要侧重于文化知识教育，提高他们的科学文化水平，从而提高他们的生活技能，改善他们的生活条件，培养他们的参与意识。对弱势群体的保护，最重要、最根本的还是在发展社会生产力的前提下发展现代教育。以社会教育为己任的图书馆，可以利用自身特有的服务内容、服务手段为弱势群体提供知识、信息，使其得到自由发展的条件，以增强自我完善能力，提高适应社会发展的生存能力。

## （四）文化欣赏、娱乐消退的职能

我国的部分弱势群体是在社会变革和经济转轨过程中产生的，他们深受相对剥夺感和社会改革不断深化的双重困扰，是改革过程中最没有承受力的人群。他们对激烈变化的社会以及社会上存在的大量失范现象困惑、茫然、抱怨甚至嫉妒，一些人甚至以非理性的方式表达他们的愿望和要求。这些行为有时还演化为集体行为，影响社会稳定和经济发展。图书馆具有特殊教化功能，能够起到"减压阀"的作用。图书馆所提供的文献信息中，包括文学作品、音乐美术作品、影视作品、游戏软件等，可以满足社会成员包括弱势群体在内的文化欣赏、娱乐消遣的需求。弱势群体可根据自己的兴趣和爱好选择感兴趣的文献信息，在各种文学作品、影视作品等资源中满足自己的需求，在娱乐消遣中排除焦虑、忧愁和不满；汲取属于他们文化权益中的理性元素和精神营养，消解其失落感，耕耘一片精神家园。弱势群体的身心可以在这里得到愉悦、释放和减压。

　　图书馆是最具精神感染力和道德感召力的心灵圣地，可以成为弱势群体的精神家园，是净化人们心灵的知识殿堂。图书馆的"娱乐"职能不仅为弱势群体排忧解难，还可发挥自己的咨询职能，为求学求职者提供升学就业信息，为被伤害者提供必要的法律咨询协助，帮助失业者建立起生活的勇气。这种精神的援助是其他社会机构所无法比拟的。

　　随着社会的发展，弱势群体对文化的需求也随之发生变化。在这个过程中，他们的观念有待更新、素质有待提高、潜力有待发掘，这一切都需要社会的关爱和关注。在最具公益性的图书馆中，浓厚的学习氛围和极富人性的温馨关怀，对弱势群体展现了无可替代的亲和力。

# 第三节 图书馆为弱势群体服务的社会背景
# 与现实意义

## 一、图书馆为弱势群体服务的社会背景

改革开放以前，我国在生产力极度落后的基础上实行计划经济体制和绝对平均主义的分配政策，虽然全社会处于普遍的贫困状态，但贫富分化不明显，因此当时没有一个庞大的弱势群体存在。自我国进入转型期以来，经过市场经济改革，我国社会经济发展取得了巨大成就，但随着改革的深入，城乡之间、地区之间和不同职业地位之间收入差距加大，社会分化加剧。于是，在取得举世瞩目的经济成就的同时，一个人数众多的弱势群体突显，尤其在全球化背景下，弱势群体的"弱化"特征和趋势更加突出和显化，并构成危及社会稳定、影响社会和谐健康发展的一个巨大隐患。正是在这种社会背景下，党中央提出了和谐社会的问题。党的十六届四中全会明确提出要构建社会主义和谐社会，五中全会再次强调推进社会主义和谐社会。构建和谐社会，需要做好两个方面的工作，一是物质和制度层面的，一是价值和心态层面的。作为积聚、传播文明的公共图书馆，做好价值和心态层面的工作是应尽的责任和义务，而且意义重大。

随着我国经济体制改革的不断深入，经济建设的转型和企业改制，出现大量的下岗、失业人员，我国居民收入差距也逐渐拉大。如果将城乡贫困人口、经济结构调整进程中出现的失业和下岗职工、残疾人、灾难中的求助者、农民工等各类处于弱势地位的人口累计，扣除重叠部分（如贫困人口中有失业、下岗职工和农民工等）和非弱势人口（如下岗职工、残疾人、农民工中的自强自立者），估计弱势群体规模在1.4亿～1.8亿人，约占全国总人口的11%～14%。应该说，弱势群体达到这样的规模和比例，已经构成了对改革、

发展与稳定一定程度的威胁，引起我们关注。

## （一）构建和谐社会和科学发展现的提出

"构建社会主义和谐社会"是党的十六届四中全会第一次提出来的，五中全会再次强调推进社会主义和谐社会建设；党的十七大报告明确指出："深入贯彻落实科学发展观，要求我们积极构建社会主义和谐社会。社会和谐是中国特色社会主义的本质属性。科学发展和社会和谐是内在统一的。没有科学发展就没有社会和谐，没有社会和谐也难以实现科学发展。构建社会主义和谐社会是贯穿中国特色社会主义事业全过程的长期历史任务，是在发展的基础上正确处理各种社会矛盾的历史过程和社会结果。"

英国人类学家马凌诺斯基说："我们发现文化含有两大主要成分——物质的和精神的，即已改造的环境和已变更的人类有机体。文化的现实即存在于这两部分的关系中，偏重其一，都会成为无谓的社会学的玄学。一种物器的同一性并不在于它的特有形式，一个观念或风俗的同一性也不在于它的形式。器物的形式始终是人类行动所决定，所关联，或为人类观念所启发。信仰、思想和意见也是始终表现于被改造的环境中，要认识文化的现实，只有从此着眼。"马凌诺斯基是我国著名人类学家费孝通教授在英国求学时的导师。费孝通把马凌诺斯基的文化论分为物质设备、精神文化、语言和社会组织四个方面，并指出："我认为这'四个方面'对人类学的研究者就十分重要了。马老师的文化四方面的说法其实就是文化的整体论。"20世纪末，费孝通把马凌诺斯基的《文化论》加以概括，他对于文化的经典概括至今仍然对于我们有启示作用。人是社会的存在物，人要在社会中生活，就必须遵循社会组织为维持一定的社会秩序而建立的各种社会规范，其中社会责任感是最普遍的、最广泛的、渗透性最强的社会规范，而作为个体的人之所以遵守社会规范，进行道德选择，是出于自身和社会生存与发展的需要。一个人能否得到社会和他人的认同和赞许，是人的一切利益中最基本的利益；而得到认同和赞许的关键，则在于一个人是否有美德，品德高尚的人会得到社会和他人的赞誉，品德败坏的人则会遭到社会和他人的谴责。

社会责任是培养人的道德品质和美德的一个重要途径，是满足人类生存和发展的客观需要。人类社会和谐，就必须有共同的价值目标和行为规范，并要求全体社会成员共同去维护和遵守，这就要求人们做出正确的道德选择。我们在着手解决当前人民群众最关心、最直接、最现实的利益问题时，一定要考虑同时建立共同的社会认同。没有社会公共认同的文化价值，就没有和谐的社会。作为传播社会主义先进文化的图书馆，有责任为这一历史任务做好服务。

构建和谐社会的关键是要使社会稳定。目前，弱势群体已占我国人口的相当大比例，成为影响我国社会稳定和经济发展的一个重大隐患，社会弱势群体的保护也就顺理成章地得到了社会的广泛关注。要从解决温饱问题的低水平共同富裕迈向全面建设小康的高水平的共向富裕，保护社会弱势群体也刻不容缓。如何在构建和谐社会中，让全社会，包括弱势群体共享社会发展的成果是一个紧要的问题。要想做到社会公平，使全体人民共享改革和发展的成果，首先要理顺社会发展与社会财富共享之间既相互排斥又相互联结的辩证关系。为了解决我国建设和谐社会过程中的社会发展与社会财富共享的问题，根据我国当前国民收入差距过大的客观情况，中央对此已经作了适当调整，《中共中央关于制定国民经济和社会发展第十一个五年规划的建议》强调，更加注重社会公平，使全体人民共享改革发展成果。

因此，除政府采取各项保障措施帮助弱势群体减轻来自经济方面的压力外，担负着传播先进文化，促进社会文明与进步的重大责任的公共图书馆应以丰富的图书资源为依托，以党的方针政策为导向，对社会弱势群体进行文化关怀，通过书刊传播催人奋进的精神，净化社会文化环境，消解弱势群体的地位失落感、机会不公平感和文化利益被剥夺感，释放压力和心理疲惫，从而引领全社会特别是弱势群体一起完成心理调整和文化转型。图书馆可通过提供多种形式的知识服务，使弱势群体懂得知识可以改变命运，自信、自强才能赢得公平，赢得善待，从而使每一个人在正确的舆论环境中受到教育，用积极健康的理念取代消极落后的观念，以形成良好的思想和行为。

图书馆作为社会公益文化事业的重要组成部分，应关注弱势群体的文化需求，向他们提供知识服务和信息服务，增强弱势群体自我发展、自我完善的能力。图书馆在构建和谐社会中起着举足轻重的作用，是其他文化设施难以替代的。所以，图书馆人应针对新时期弱势群体的特征，研究其心理特点，了解和掌握其知识信息需求，在开放、平等的理念指导下，积极探索为弱势群体服务的方式和方法。这也是图书馆人一项神圣而重要的使命。

## （二）国际组织对弱势群体文化服务的推动

在为弱势群体文化服务的发展过程中，国际组织的推动是非常重要的力量。这其中尤足称道的联合国及下属组织机构——联合国教育、科学及文化组织（简称"联合国教科文组织"，英文为United Nations Educational, Scientific and Cultural Organization，缩写为UNESCO）和国际图书馆协会联合会（简称"国际图联"，英文为International Federation of Library Associations and Institutions，缩写为IFLA）。实现文化权利的平等、服务弱势群体的内容在联合国的相关文件中经常出现，表明服务弱势群体是联合国推动世界文化教育发展工作的一部分。

《世界人权宣言》《经济、社会及文化权利国际公约》确立了文化平等、自由、享受的基本权利。

《公共图书馆宣言》提出了平等服务的宗旨，明确提出公共图书馆在人人平等的基础上提供服务，而不论人们在年龄、种族、性别、宗教、国籍、语言或社会地位上的差异。必须向那些因任何缘故不能获得正常服务和资料的用户提供特别服务，例如，向使用少数民族语言的用户、残疾人、住院病人或狱中囚犯提供特别的服务和资料。不仅提出了平等服务的原则，还在"国际图联"下设置了弱势人群服务图书馆专业组（Libraries Serving Disadvantaged Persons Section，缩写为LSDP）。这个专业组是国际图联内长期关注那些不能利用图书馆常规服务的特殊人群的专业组之一。它是从国际图联"医院图书馆委员会"（Hospital Library Committee）发展而来的，有70多年的历史了。它制定了一系列为特殊群体服务的指南，如有关老年人、残疾人、病人、监狱犯人等的多部服务指南。这些行业规范中所体现的基本思想，对我国现阶段公共图书馆开展面向弱势人群的服务具有积极的推动作用和重要的借鉴意义。

国际图联在1999年荷兰海牙通过《图书馆与思想自由宣言》，强调自由获取和传播信息是人类的基本权利。每个人都有了解、表达、传播、创造知识的自由权利，而保障这些权利就成为图书馆和信息机构的核心职责。图书馆和信息服务机构是通向思想和文化的大门，为个人和团体的独立决策、文化发展、研究及终身学习提供必要的支持。不仅如此，国际图联还特别设立了"图书馆为弱势群体服务专业组"，专门为利用图书馆有困难的人群服务。可见，图书馆界已采取行动履行自己的职责。

《国际图联战略规划（2006—2009）》提出了"所有人的信息社会"的愿景——强调每个人都可以发现、创造、获取、利用与分享信息与知识；努力提高图书馆与信息服务的地位，增强为个人与社区发展的服务能力，把平等服务、自由获取知识作为图书馆的核心价值；承认信息获取的自由原则，承认想象与作品的自由原则以及《国际人权宣言》第19条的表达自由原则；确信每个人、社区以及组织都有平等获取信息的需要；确信图书馆与信息的高质量服务有助于平等地获取；承诺让所有成员参与协会并获益，不论身份、残疾、出身、性别、地理位置、语言、政治哲学、种族与宗教。

## （三）消除信息鸿沟

信息化是当今世界发展的大趋势，是推动经济社会变革的重要力量。信息化是充分利用信息技术、开发利用信息资源、促进信息交流和知识共享、提高了经济增长、推动经济社会发展转型的历史进程。20世纪90年代以来，信息技术不断创新，信息产业持续发展，信息网络广泛普及，信息化成为全球经济社会发展的显著特征，并逐步向一场全方位的社会变革演进。进入21世纪，信息化对经济社会发展的影响更加深刻。广泛应用、高度渗透的信息技术正孕育着新的重大突破。信息资源日益成为重要的生产要素、无形资产和社会财富。随着信息化技术迅速发展，信息网络更加普及并日趋融合。信息化与经济全球化相互交织，推动着全球产业分工的深化和经济结构调整，重塑着全球经济竞争格局。互联网加剧了各种思想文化的相互激荡，成为信息传播和知识扩散的新载体。信息化改变着人们的生活方式、学习方式、教育方式，使全球"数字鸿沟"呈现扩大的趋势。

数字鸿沟（Digital Divide），又称信息鸿沟，是指当代信息技术领域中存在的差距现象。它既存在于信息技术的开发领域，又存在于信息技术的应用领域。数字鸿沟最先由美国国家远程通信和信息管理局在名为《在网络中落伍：定义数字鸿沟》的报告中提出。英国广播公司（BBC）在线新闻直接把"数字鸿沟"称为"信息富有者和信息贫困者之间的鸿沟"，意指在不同国家、地区、行业、人群之间由于对信息和通信技术应用程度的不同以及创新能力的差别造成的"信息落差""知识分隔"等问题。

我国信息资源分布存在明显的不平衡现象。不同地区、不同领域、不同群体的信息技术应用水平和网络普及程度很不平衡；城乡、区域和行业的差距有扩大趋势，成为影响协调发展的新因素。在信息机构中，政府信息机构约占20%，掌握着80%的信息源：就地区分布而言，大的信息机构如大图书馆等多位于东部地区，西部地区图书馆在规模上、数量上远不及东部地区。弱势群体获取知识信息的主要途径是利用社会公益性信息资源，但事实上我国的社会公益文化资源相当缺乏。曾有人统计，平均每45.9万人才拥有一所公共图书馆，人均藏书量仅0.3册。这些有限的信息资源，在地域分布上还存在着"东部多西部少，城市多农村少"的不合理现象，使处于西部地区的弱势群体更难获得所需的知识信息。曾有资料显示，我国使用互联网的农村用户仅占1%左右，只有城市用户的10%，农村计算机普及率也仅为城市的10%以下。

中办、国办印发《2006—2020年国家信息化发展战略》提出缩小数字鸿沟计划，明确指出："坚持政府主导、社会参与，缩小区域之间、城乡之间和不向社会群体之间信息技术应用水平的差距，创造机会均等、协调发展的社会环境。"加大政府投入力度，加快构建覆盖全社会的公共文化服务体系。加快乡镇综合文化站建设。推进农村电影放映工程。公共图书馆是公共文化服务体系的重要组成部分，是信息资源的集散地。对于由互联网带来的社会弱势群体公平获取信息的新问题，公共图书馆可以提供一种机制，从资源、技术和培训三个方面有效地消除障碍，缩小数字鸿沟，充分发挥公共图书馆信息时代"信息穷人最后的避难所"的作用。

# 二、图书馆为弱势群体服务的现实意义

## （一）图书馆为弱势群体服务是社会进步的必然要求

弱势群体是全人类的一部分，同样被赋有生存、发展和享受的权利。多方面的原因造成的弱势群体暂时的贫困与落后，并非政府、社会所愿意，亦非他们自己所愿意。因此，在政府、社会以及弱势群体自身三方的共同努力下，通过建立牢固的社会安全网，合力解决弱势群体的问题，对保障人权、维护社会稳定、建立和谐社会、保障社会主义事业的顺利进行都具有深远的意义。

弱势群体产生的原因比较复杂，在社会转型时期，由于各种政策、制度的推陈出新，群体分化更为明显，弱势群体往往还有扩大的趋势。我国经过几十年的社会主义建设实践，生产力以前所未有的速度发展，因此，生产关系的变革也就表现出全面性和深刻性的特点。生产资料、产品、社会地位、政治权利、文化资源等在进行重新分配，而这种再分配往往又是以拥有经济资源、政治资源、文化资源的多少为基础的，拥有这三种资源多者则重新分配的资源也就多，从而居于社会上层，成为强势群体；反之，则居于社会底层，成为社会弱势群体。从理论上说，中国现阶段存在弱势群体是正常的，因为中国尚处于社会主义初级阶段，不可能完全消除弱势群体。只有当生产力充分发展，一切财富的源泉都充分涌流时，社会才能消除弱势群体。当然，这并非意味着对弱势群体坐视不管或是无能为力。我们可以通过建立由政府支持系统、社会支持系统以及弱势群体自我支持系统构成的安全网来保障弱势群体的权益，促成其转化，尽量减少其数量，缩小其规模。图书馆是社会支持系统的重要组成部分，是公共服务机构，为弱势群体服务，是社会发展的必然要求。

## （二）图书馆为弱势群体服务是弱势群体自身发展的要求

从劳动力类型来看，当今中国既有知识、信息经济时代的劳动力类型，又有工业文明时代的劳动力类型，还有农业文明时代的劳动力类型。三种劳动力类型同时存在，决定了当今中国社会结构呈现三级阶梯的格局。如果不能促成转化则社会结构必然发生断裂。因此，对于弱势群体来说，要改变自己贫困、落后、被动的局面，一方面要加强基本知识的学习和基本技能的培训，努力提高自己劳动力素质，把自己锻炼成既有强健的体魄又有丰富知识的新型劳动力，这样才能扩大就业能力，拓展就业范围；另一方面要勤俭节约、合理消费，积累"第一桶金"，自主创业。对于弱势群体来说，这一过程可能是一个剧烈的阵痛期，但是，只有闯过了这道关，才能获得更多的参与分配的要素，不仅增强了获得物质分配的能力，还增强了市场竞争能力。当然，只有获取物质财富的能力还是不够的，还要学会获取信息和知识的能力，学会用法律武器来保护自我，即要有维权的意识和能力。这是弱势群体改变自身境遇的又一个重要的内容。弱势群体是综合素质不高的人群集合体，缺乏维权意识和能力也是他们普遍的特征。虽然国家制定了《劳动法》《妇女儿童权益保护法》《消费者权益保护法》《未成年人保护法》等很多保护社会弱势群体的法律，但弱势群体真正能运用法律武器保护自己的太少，究其原因是文化知识贫乏和受教育程度低等因素。因此，图书馆的文化、教育职能对我国弱势群体的转变起到很大的作用。充分发挥图书馆文献资源优势，通过为弱势群体补上法律知识这一课，增强他们的维权意识和维权能力，对于渴望发展、渴望改变自身现状的弱势群体具有特殊的意义。

## （三）图书馆为弱势群体服务是图书馆科学发展的要求

构建和谐社会，是一项崇高而伟大的社会工程，需要全国上下共同努力才能实现。党和政府有责任，各单位和组织有责任，每个社会成员也有责任。图书馆是文化交流和文化整合的重要枢纽，是文化研究和文化创新的基地，是文化教育与文化传承的大课堂，具有整理、加工、存储、研究、利用和传播知识信息的职责，承担着为科研、教育、生产单位和社会公众服务的任务，是构建和谐社会、传播三个文明的重要文化服务机构。在构建和谐社会的主旋律下，创建一个充满民主法治、公平正义、诚信友爱，安定有序、和谐相处的图书馆，为弱势群体服务也是图书馆科学发展的内涵。图书馆的科学发展的策略包括观念策略、服务策略、资源策略和形象策略。图书馆服务弱势群体要运用"全纳教育"理念，形成"以人为本""全纳服务"的图书馆服务观念，激发工作人员为特殊群体服务的热情。图书馆工作人员不仅要有普通图书馆业务技能和技术素质，还应拥有为残疾人等弱势群体服务的特殊技能和素质，达到人员素质的全面发展。在此基础上，创新服务方式，发展服务技术，提高服务质量，促进服务改革，从而实现服务水平的进步、用户满意度的提高。这些都可以视为图书馆用来提升自身发展活力的服务策略。图书馆建筑、设备、设施的全纳性，可提高读者的舒适度；图书资料的全纳性，可提高利用率，真正实施无障碍全纳服务，减少排斥，实行平等、公平的服务原则，从而提高其社会美誉度，形成完美的公众形象，体现其不可或缺的社会价值，最大限度地赢得社会舆论的支持，获得政府政策上的倾向和人、财、物方面的支持，以及各种社会团体和个人的捐助，推进图书馆的科学发展。

# 第三章　图书馆为弱势群体服务的
# 范围、类型和理念

## 第一节　图书馆为弱势群体服务的范围

我国社会正处于转型的关键时期，多方面的原因使弱势群体问题变得日趋突出：一是弱势群体类型多种多样；二是群体队伍相对庞大，群体规模、范围呈现扩大的趋势，而且以农村和少数民族地区为主。党和政府十分重视这项工作。在《国家"十一五"时期文化发展规划纲要》中，文化建设的重点放在农村和老少边区，其中图书馆建设是一个重要的组成部分。因此，图书馆为不同类型的弱势群体服务，是时代赋予图书馆的历史使命。

社会弱势群体是一个相对的概念，它指的是在一个特定的社会中，一部分在智力、体能及权能方面处于相对不利地位的人群。社会弱势群体又是一个动态性的概念，它指的已不仅是传统意义上的老弱病残群体，还指称在日趋激烈的社会竞争和全球化浪潮中陷入失业、贫困状态的人群。图书馆为弱势群体服务范围十分广泛，如城市下岗人员、少年儿童、农民、农民工、残疾群体等，但主要是以农村和老少边区为重点，其主要原因是我国最大的弱势群体是农民，农业、农村、农民问题，一直是党和政府工作的重中之重。构建和谐社会，建设小康社会，必须要提高农民的物质水平和文化水平，提高农民的素质，改变农村的面貌。

# 一、我国农村的弱势群体的现状

目前在我国1.4亿～1.8亿的弱势群体者中，残疾人有8 000多万，占全国人口总数的6.34％，这其中有80％生活在农村。从相对概念看，农民是我国最大的弱势群体，在政治、经济、文化、教育等各方面都处于相对弱势。

## （一）农村生活在绝对贫困线下的群体众多

1996年10月23日中共中央、国务院公布了《关于尽快解决农村贫困人口温饱问题的决定》。由于各级党委、政府的高度重视，社会各界的大力支持和贫困地区广大干部群众的不懈努力，全国农村的贫困问题明显缓解，贫困人口大幅度下降。《国家八七扶贫攻坚计划》实施后，扶贫攻坚力度加大，贫困人口逐步减少。全国农村贫困人口从1978年的2.5亿下降到6 500万，占全国总人口的比重由26％下降到5.4％。贫困地区的生产生活条件和基础设施有了很大改善，文化、教育、卫生事业也有新的发展。这是一个巨大的历史性成就。扶贫开发工作取得的显著成效，有力地促进了国民经济的发展和社会稳定，充分显示了我国社会主义制度的优越性。虽然我国贫困人口的数量越来越少，但解决贫困人口温饱问题的难度却越来越大，扶贫开发已经进入了最艰难的攻坚阶段。现存尚未解决温饱问题的贫困人口，主要分布在中西部的深山区、石山区、荒漠区、高寒山区、黄土高原区、边疆地区、地方病高发区以及水库库区。这些地区地域偏远，交通不便，文化教育落后，生态环境很差，有的甚至缺乏基本的生产生活条件。

中国社会科学院曾经发布《中国农村经济绿皮书》，其中提到2005年，中国城乡居民之间收入差距比率高达3.22：1，城乡整体基尼系数达到0.465（超过了收入分配贫富差距国际警戒线0.4），占人口60％的农村居民只购买了不到1/3的消费品。农民中的弱者就更弱。据2006年3月《南方周末》相关报道，截至2004年，中国有2 610万农村人口人均年收入不足668元，生活在绝对贫困线以下；还有4 977万农村人口人均年收入不足924元，属相对贫困。近5 000万刚刚脱贫的人口，自我发展的能力弱，巩固温饱的难度很大。特别是进入20世纪90年代以来，农村居民生存状态的改善速度放慢。与整个城市地区相比，农村居民的边缘化、弱势化正在加深。大约有6%以上农户人均每月收入不足100元，在食品消费方面十分节省，很少考虑营养；贫困家庭中成人极少买新衣服，这方面的消费压缩到了极点；生病不去医院看病的占50%～70%，最直接的原因是医药费太贵，负担不起。正是受收入水平的限制，在满足基本的生存需要之后，几乎没有能力满足文化、精神需要，生活方式单调、枯燥而缺乏新鲜感。

## （二）农村教育、文化相对落后

改革开放以来，我国农村教育、文化事业有了快速的发展，但由于历史原因和农村经济基础薄弱，目前农村教育、文化仍相对落后。这种状况是现代化进程中的沉重包袱。大力发展农村教育，把沉重的人口负担转变为人力资源的优势，不仅是教育发展的重要目标，也是影响现代化建设进程的战略性任务。

改革开放以来，我国农村文化建设力度不断加大，农村文化活动日益丰富，农村文化建设呈现良好发展势头。但就整体而言，我国农村文化建设还相对滞后，农村文化建设与农民群众的精神文化需求还不相适应。

当前我国农村图书馆事业的建设严重滞后于城市。当城里人能够享受到图书馆所提供的服务的时候，有些农民还从来不知道图书馆究竟为何物。

## （三）改善农村文化建设的措施、策略

我国政府很重视农村文化建设，注重提高农民素质，加大对农村文化教育的投资，扶持边远农村文化建设。1992年，文化部启动"万里边疆文化长廊工程"，扶持偏远地区的文化建设；1994年，文化部、新闻出版总署、共青团中央启动"万村书库"文化扶贫工程，为2万多个贫困村各建一座图书室；1996年，中宣部、中央文明办、各政府职能机构及社会团体共12个部门共同

发起向农村送文化、科技、卫生的"三下乡"文化扶贫活动；1997年，中宣部、文化部等8部委共同发起"知识工程"，旨在掀起全社会的读书热潮，并于每年的12月在全国举办"全民读书月"活动，通过积极组织、引导群众性读书活动，加强了乡镇、街道的图书馆建设；1998年启动了"百县千乡宣传文化工程"，目标是资助中西部100个无文化站、图书馆或有馆无舍的贫困县建设县级"宣传文化中心"，资助1 000个左右的乡镇建设"宣传文化站"；2000年，文化部通过《关于实施西部大开发战略加强西部文化建设的意见》，提出要把文化设施建设作为重点，争取在"十五"期间实现西部地区县县有图书馆、文化馆或建成具有图书馆、文化馆功能的综合性文化中心，乡镇有文化站或流动文化站的目标；2003年，财政部发起送书下乡工程，决定从2003年至2005年，由中央财政每年拨出2 000万元专款，3年内分3批向300个国家级扶贫开发工作重点县和3 000个乡镇，赠送农村适用图书390万册用以改善我国广大贫困地区图书馆（室）图书资源匮乏的状况，以满足广大农民群众日益增长的文化需求。

2007年初，新闻出版总署等八部门共同发起实施了一项惠及广大农民群众、推动农村文化建设的重大工程——"农家书屋"工程。"农家书屋"工程，被列为国家公共文化服务体系建设5项重大工程之一。按照计划，到2010年年底全国建立20万个"农家书屋"，2015年基本覆盖全国64万个行政村。每一个"农家书屋"要求可供借阅的实用图书不少于1 000册，报刊不少于30种，电子音像制品不少于100种（张）。国务院高度重视"农家书屋"工程建设，各级党委、政府积极推动"农家书屋"工程建设。中央财政在2007年拨付1 000万元启动资金的基础上，2008年又拨出6亿元专项资金扶持"农家书屋"建设。地方财政也加大投入力度，为工程实施提供了有力的保障。社会各界积极参与"农家书屋"建设，江苏省收到的社会捐赠价值1 900多万元；河南省新华书店资助建了500多个书屋，配装书报刊等价值1 100多万元；人民出版社等5家单位向广西柳州捐赠300万元图书；黑龙江大庆市募集资金、物资等价值800多万元，465个行政村村村建起了"农家书屋"。

《国家"十一五"时期文化发展规划纲要》提出："采取政府采购、补贴等措施，开辟服务渠道，丰富服务内容，保障和实现城市低收入居民、残疾人、老年人和农民工等群体的基本文化生活需求。"要求加强"三农"读物出版工作，开发出版适合农村经济社会发展，农民买得起、看得懂、用得上的音像制品和图书等各类出版物。实施"送书下乡工程"，重点面向西部地区国家扶贫开发工作重点县的图书馆和乡镇文化站、农村文化室配送图书。县（市）图书馆逐步实行分馆制，丰富藏书量，形成统一采购、统一编目的图书配送体系，充分发挥县图书馆对乡镇、村图书室的辐射作用，促进县、乡图书文献共享。按照"政府资助建设，鼓励社会捐助，农民自我管理，市场运作发展"的要求，支持农民群众开办"农家书屋"。积极实施、启动了"国家图书馆西部援助计划"，按照计划，国家图书馆每年将10万册复本书和下架书赠给西部地区一个省的县级图书馆。

## 二、少数民族地区弱势群体现状

《扶持人口较少民族发展规划（2005—2010年）》中指出：在我国55个少数民族中，有22个少数民族的人口在10万人以下，总人口63万人（2000年第五次全国人口普查数），统称人口较少民族。新中国成立以来，这些民族政治上得到翻身，经济社会持续发展，人民生活得到明显改善。但是，由于历史、自然条件等，这些民族的经济和社会发展总体水平还比较落后，贫困问题仍较突出。具体体现在：

第一，生活条件差。人口较少民族聚居村中，不通公路的145个，不通电的90个，不通电话的279个，不通邮的274个，不能接收电视节目的215个，没有有线广播的498个，没有安全饮用水的368个。46 346户群众居住在漏雨透风不安全的茅草房或危房中，有11 645户48 472人居住在缺乏基本生存条件的恶劣环境中。

第二，贫困问题突出。人口较少民族聚居村中有345个贫困村，占53.9%；绝对贫困人口19万人，占总人口的19.8%；低收入人口20.4万人，占总人口的21.3%。缺粮需要救济的户数27 821户，占总户数的14.0%。

第三，社会事业发展滞后。教育落后，适龄儿童入学率普遍较低，平均文盲率为42.3％，有9个民族文盲率超过50％；医疗卫生条件差，355个村没有卫生室，地方病、传染病仍较严重；农村文化、体育基础设施薄弱，农民群众精神文化生活贫乏。以图书馆建设为例，由于受经济发展、教育水平的制约，民族地区图书馆事业发展与发达地区相比还有很大差距。

# 第二节　图书馆为弱势群体服务的类型

国际图书馆界将作为图书馆服务对象的弱势群体，大致分为生理性和社会性弱势群体两类。前者如国际图联弱势群体服务部所分的聋哑人，肢体或发展性残疾人，社会福利机构中的老年人，居家不能外出者，盲人等视障群体，诵读困难者；后者如美国"文化素养和上门服务办公室"所分的新文盲，地理上处于隔离的人群，农村和城镇穷人，由于种族、信仰、性别、年龄、语言和社会阶层而受到歧视的人群容。从总体上来看，因个人生理残障和自然原因造成的弱势群体，各国之间差别不大；但是，因社会性原因造成的弱势群体就有较大差异。在我国现阶段，因体制改革、社会转型而被边缘化的群体，如国有或集体企业失业人员、下岗职工、提前退休人员、进城农民工、城镇低收入群体等就应成为图书馆等社会公益机构特别关注的对象。

## 一、社会性弱势群体剖析

分析上述弱势群体的文化生活状况，图书馆可以有针对性地提供知识服务。

### （一）农民、农民工

农民是我国最大的弱势群体，其原因较多，但主要有以下几个方面：

第一，农民文化素质普遍偏低，这是导致农民弱势的主要原因之一。随着我国经济体制改革的逐步深入，市场调节的比重日益加大，农业生产中的不确定因素增多，对一家一户分散经营且文化素质较低的农民来讲，经营风险增大，很难对诸多的市场供求信息做出较准确的判断，结果往往造成农业生产的趋同，农民收入就会降低。另外，在科学技术迅猛发展的今天，用于农业生产的新品种、新技术大量涌现，要求农民加强对这一方面科学技术的学习，并将其运用到生产经营中去，而文化素质较低的农民对此有些无所适从，很难选择先进适用且市场需求较大的新品种和新技术，迅速转化为现实生产力。

第二，农民的组织化程度低。在市场经济条件下，市场主体的竞争力强弱与组织化程度的高低成正比。自改革以来我国农民的生产经营活动仍以农户为单位，每一农户经营的土地非常有限，按每户三人计算，每户经营的土地在7亩左右。要在人均2.3亩的土地上把农民的收入提高到发达国家或中等发达国家的水平，实现农业现代化，是根本做不到的。另外，农户的生产经营行为过于分散，在生产经营上仍处于各自为战的状态，农户经营行为协调性很差，组织化程度极低，这使农户经营行为有很大的盲目性，在市场竞争中很难形成优势，进而影响了农民收入的进一步提高。可以说，组织化程度低是导致农民成为最大弱势群体的重要内因。

第三，农民负担过重。在我国城乡分治格局下，农民收入较低且增幅不高，同时要从有限收入中拿出一部分缴纳相关税费，中央虽三令五申要求地方政府减轻农民负担，但地方政府为片面追求经济利益而搭车收费现象很难从根本上得到遏制。虽然近年来农民的负担得到了大幅度地降低，但根本改变农民的收入状况还需要时日。

第四，农业信息资源的开发利用及服务水平较低，不能满足农业信息化发展的要求。农业信息技术和信息资源的开发利用，是连接农户和市场的桥梁和纽带。在我国农业生产走出计划时代、市场对农业发展的影响日益凸显的今天，急需推进农业信息化，这对进一步增加农民收入至关重要。由于农民受自身文化素质所限，很难搜集到需要的农业信息，加之有关主管部门对这方面工作重视不够，不能及时有效地为农民提供一些有针对性的农业信息，使得处于分散经营状态下的农民，面对充满风险的市场只能凭经验、凭感觉，有时纯粹想当然做出相关的经营决定，有很大的随意性和盲目性，其结果往往是投入颇多，收益甚微，有时甚至连投资都很难收回，增收更无从谈起。

第五，国民经济发展带动就业的作用逐渐减弱，城镇化进程滞后，严重制约了农村剩余劳动力和农村人口的有效转移。改革开放以来，我国经济有了长足发展，工业化进程加快，工业产值已超过社会总产值50％。一般情况下，在工业化进程中城镇化水平应随工业化水平的提高而提高，但我国城镇化水平仍较低。如按人口比例计算，发达国家的城镇化水平高达70％～80％，有的甚至超过90％，而我国2008年只有45.68％，2017年为58.52％。城镇化进程滞后，严重制约吸纳劳动力最多的第二产业的发展，大量农村劳动力被束缚在有限的土地上，阻碍农村人口向城市和其他产业转移，其结果是农业劳动生产率难有较大幅度提高，农民的非农产业收入不高，制约了农民收入的进一步增加。

农民工是我国经济社会转型时期的特殊概念，主要是指户籍身份在农村，但主要从事非农产业、依靠工资收入生活的劳动力。农民工虽然进入了城市，但没有融入城市；离开了农村，但仍与农村保持着千丝万缕的联系。农民工现象无疑是中国的特色。广义的农民工包括在县域内二、三产业就业人员和跨地区外出务工人员；狭义的农民工一般指农村地区外出务工人员。一项针对某地农民工精神文化生活的专门调查显示，大部分农民工处于文化生活饥渴状态。经调查，在如何打发工余闲暇的问题上，36.7％的农民工选择了在打工之余睡觉，13.1％选择了喝酒聊天，34％选择了逛街。农民工文化生活的饥渴，直接影响着他们的生活质量。国家统计局有关课题组2007年初完成的《中国农民工生活质量研究》报告反映，目前我国农民工生活质量指数为0.532，仅为城镇居民的一半。文化生活贫乏、文化消费不足、文化需求不能得到基本满足是影响农民工生活质量指数的重要因素之一。

## （二）失业、下岗人员、待业、城市贫民

20世纪90年代中期后，随着国企改革的深入，产生了大批的下岗工人。他们失去了固定的经济来源，一般处于就业、生活无保障的境地。这些贫困人口大多数文化程度较低，技术素质偏低，年龄偏大。其文化程度大都在初中以下，没有技术专长，原来多为生产一线的操作工人，再就业的能力较弱。另外，其年龄偏大，一般在40～50岁（一些媒体把他们称为"4050部队"）。贫困户家庭人口多，就业少。知识的贫瘠是导致贫困的主要根源。他们急切需要符合自身实际的就业信息和致富信息，更需要社会各界的关怀和鼓励。

## （三）服刑人员

服刑人员由于身份的特殊性，身处环境的特殊性，生活单调枯燥，精神生活空虚。具体表现在：一是悲观心理。服刑改造，是对犯罪行为的惩治。罪犯由于失去了自由，丧失了政治权利，在法律上处于被监管的地位，部分罪犯入狱后，对改造失去信心，对今后生活失去希望，性格呆板，行为机械，有严重的混刑期思想，少数罪犯产生轻生厌世思想。二是恐惧心理。罪犯因罪行败露被判处刑罚后，部分罪犯对监狱存在恐惧感，特别是刑期较长的罪犯对判决深为不满，对今后的生活就业非常忧虑。三是实惠心理。希望能安排个"技术"工种，既轻松又能获得多一点奖励分，争取多减刑早点出狱。而少数恶习不改的罪犯，把刑期当"学期"，在狱内传授、学习犯罪伎俩，从"一面手"变成"多面手"，为今后"谋生"创造条件。四是要脸心理。"爱面子"是每个罪犯都深藏不露的心态，但是这只是在强制下的暂时适应，是一种非自觉的表面服从。在他们没有产生改掉各种恶习的信心期间，内心倾向总是寻求摆脱这种约束的可能。而相当一部分罪犯由于种种原因文化水平不高，对知识和真理缺乏兴趣和热情。这些决定了他们阅读需求有别于常人。

# 二、生理性弱势群体

生理性弱势群体是因个人生理残障和自然灾害造成的，这部分群体包括聋哑人、肢体或发展性残疾人、社会福利机构中的老年人、居家不能外出者、盲人等视障群体、诵读困难者等。

## （一）残障人士

据2006年第二次全国残疾人抽样调查的数据统计，我国有全国各类残疾人8 296万人，其中视力残疾1 233万人，占14.86%；听力残疾2 004万人，占24.16%；言语残疾127万人，占1.53%；肢体残疾2 412万人，占29.07%；智力残疾554万人，占6.68%；精神残疾614万人，占7.40%；多重残疾1 352

万人，占16.30％。据中国残联统计，全国有31.9万残疾人下岗，社会上仍存在对残疾人就业的歧视现象。残疾人作为一个特殊的群体，如果缺少社会的关心与帮助，他们难以自立生存，特别是视障、听障、肢障这三类残疾人最需要关注。因为他们除了身体上的残疾，在精神上与正常人有着相同的追求。

视力残疾包括盲及低视力两类。盲分为一级盲和二级盲。一级盲是指最佳矫正视力低于0.02，或视野小于5度者；二级盲是指最佳矫正视力等于或优于0.02而低于0.05，或视野等于或优于5度而小于10度者。低视力分为一级低视力和二级低视力。一级低视力是指最佳矫正视力等于或优于0.05而低于0.1者；二级低视力是指最佳矫正视力等于或优于0.1，而低于0.3者。盲人或弱视者跟明眼人一样，仍然具有追求独立、自由与休闲活动的需求，尤其在求知方面，他们的求知欲并未因为失明而消失，反而在各种资讯管道不足的情况下，更感迫切需要。

听力残疾是指由于各种原因导致双耳不同程度的听力丧失，听不到或听不清周围环境声及言语声（经治疗一年以上不愈者）。听力残疾包括：听力完全丧失及有残留听力但辨音不清，不能进行听说交往两类。言语残疾分四级：一级指只能简单发音而言语能力完全丧失者，话音清晰度＜10％；二级指具有一定发育能力，语音清晰度在10％～30％；三级指具有发音能力，语音清晰度在31％～50％；四级指具有发音能力，语音清晰度在51％～70％。他们同普通人一样需要各种信息，但是因交流和沟通的障碍，他们获取信息和知识要比普通人困难得多，需要特殊帮助。

肢体残疾分三级。重度（一级）：完全不能或基本上不能完成日常生活、活动的四肢瘫或严重三肢瘫；截瘫、双髋关节无主动活动能力；严重偏瘫，一侧肢体功能全部丧失；四肢均截肢或先天件缺肢；二肢截肢或缺肢（腕关节和踝关节以上）；双大腿或双上臂截肢或缺肢；双上肢或三肢功能严重障碍。

中度（二级）：能够部分完成日常生活活动的截瘫、二肢瘫或偏瘫，残肢有一定功能；双下肢膝关节以下或双上肢肘关节以下截肢或缺肢；一上肢肘关节以上或一下肢膝关节以上截肢或缺肢；双手拇指伴有食指（或中指）缺损；一肢功能严重障碍，两肢功能重度障碍，三肢功能中度障碍。

轻度（三级）：基本上能够完成日常生活活动的一上肢肘关节以下或一下肢膝关节以下截肢或缺肢；一肢功能中度障碍，二肢功能轻度障碍；脊柱强直，驼背畸形大于70°，脊柱侧凸大于45°；双下肢不等长大于5cm；单侧拇指伴食指（或中指）缺损；单侧保留拇指，其余四指截除或缺损；侏儒症（身高不超过130cm的成人）。

不属于肢体残疾范围的有：保留拇指和食指（或中指）而失去另三指者；保留足跟而失去足前半部者；双下肢不等长小于5cm；小于70°驼背或小于45°的脊柱侧凸。他们能进行交流和沟通，但行动有障碍，他们中的一些人渴望学习，获取知识，他们不仅需要知识，更需要人们关注，平等地享受文化权利。

## （二）老年人

老年群体是比较特殊的弱势群体。虽然多数衣食无忧，但他们却渴望得到更多的社会关爱。目前，我国60岁以上的老年人口已达到1.43亿，占总人口的11％，2018年约2.41亿，占总人口的16％左右，是今天中国逐步进入老年社会的一个重要标志。我国的老龄人口绝对数量已位居世界各国首位。有调查显示：中国内地60岁以上的老人中，只有不到4％的老人受过正规教育；60～74岁的老人平均受教育的时间只有1.3年。精神文化生活偏少，目前老华人经常或有时看电视、听广播的占到53％；参加户外活动及体育锻炼的占35％；45％的老年人帮助做些力所能及的家务劳动，其他活动很少。66.4％的老人没有阅读能力，15.7％的老人只有较低的阅读能力。

由此可见，老龄工作任重而道远。逐步改善老年人的物质文化生活条件，不断提高老年人的生活质量，营造一个健康、和谐的老龄社会，是全社会的共同责任，图书馆关爱老年读者有十分重要的意义。

老年群体的心理障碍是随着时光的流逝、年龄的增长而逐渐产生的。特别是离开工作多年的岗位，难免产生这样那样的失落感以及对新的社会角色不适应，很容易产生消极情绪。公共图书馆应针对老年人的生理、心理状况，为老年读者提供"心理治疗"的阅读空间。让他们开阔视野，更多地了解外界、汲取新知识，使精神上得到调节，心理得到平衡，实现老有所为、老有所学、老有所乐。对于特殊的老年群体读者，如生活在干休所、疗养院的老人及空巢老人等，图书馆可与社区及相关部门协作，以送书上门或其他服务形式，使他们足不出户就能享受图书馆的服务，让他们心理健康、身体健康，顺利度过晚年生活。

## （三）少年儿童

少年儿童是祖国的未来和希望，他们思想活跃，好奇心强，求知欲望强，但世界观尚未形成，正处于身心发育的关键时期。他们需要全社会为其快乐健康的成长营造一个良好的环境，他们需要丰富的精神食粮来开启其智慧之门，以肩负起建设祖国的重任。

## （四）病人

病人作为一个生理、心理、肌体上有缺陷和损伤的特殊读者群，经常对自身病因、病情的发生、发展过程知之甚少或者完全不知，但是他们渴望恢复健康，不满足于被动地接受医生的治疗，希望更多地了解病情和康复知识，以便配合医生治疗。医院图书馆为其提供医学书籍阅读服务，使其通过阅读掌握一定的医学知识，了解疾病的治疗方法，有助于把自己对疾病的感性知识同科学知识结合起来，这样可以引导病人及其家属正确面对病情，增强战胜疾病的勇气相信心。某些慢性病人，或者是处于疗养、康复阶段的病人，住院时间比较长，他们需要文学、艺术之类的书籍来陶冶情操、消除寂寞。

# 第三节　图书馆为弱势群体服务的理念

在构建和谐社会的今天，图书馆为弱势群体服务越来越受到重视，需要不断用新的理念开拓服务途径。运用全纳教育理念来研究和探讨我国图书馆服务（无障碍服务）的问题就是一个全新的思路。

## 一、公平和平等的全纳服务

图书馆全纳服务源于全纳教育，是由全纳教育理念发展而来的。1994年，在西班牙萨拉曼卡，联合国教科文组织一次主题为"世界特殊需要教育大会：入学与质量"的世界特殊教育大会通过了《萨拉曼卡宣言》，首次正式提出"全纳教育"（Inclusive Education）的概念，提出每个儿童都有其独特的个性、兴趣、能力和学习的需要。这次大会为特殊需要教育乃至整体教育的改革确立了方向，由此拉开了"全纳教育"的序幕。

### （一）图书馆全纳服务的理念

"全纳教育"所倡导的几个基本理念是：学校应该接纳所有的儿童，不应该因身体、智力、社交、情绪、语言或其他状况的问题把部分儿童拒于学校门外；无论是残疾儿童、流浪儿童、边远地区的游牧民族儿童、少数民族儿童，或是来自其他弱势群体或者社会边缘群体的儿童，都应该得到受教育的机会；每个儿童各有其特点、兴趣、能力和学习需要，因此，要真正实现受教育权利，教育体制的设计以及教育项目的执行，都应该考虑儿童各自不同的特点和需要；克服歧视态度的最有效办法，是让普通学校逐步全纳化，营造一个宽容的社会氛围，建设一个全纳的社会环境，逐步实现全民教育，进而向多数儿童提供有效的教育，最终改善整个教育体制的投入效率。"全纳教育"理念的核心是：没有排斥，没有歧视，没有分类的教育理念。"全纳教育"现已成为国际教育发展的一大趋势。从最初提出时关注特殊教育开始，全纳教育目前的内涵已延伸至各类需要被关怀的人群。每个人都有机会获得优质的教育，强调充分考虑到不同孩子的不同需求。全纳教育新理念逐步延伸到其他文化领域，图书馆就是最早接受全纳服务理念的行业之一。

## （二）图书馆为弱势群体的全纳服务概念

图书馆的服务从广义上讲是面向所有公众开放，既面向普通民众，又面向研究人员和专家学者，还面向残疾人士、下岗职工、农民、劳教人员等弱势群体，履行社会教育功能，提高全民素质；从狭义上讲是对持证利用图书馆的读者提供服务，包括健康人士，残障人士等。这是全纳教育理念在图书馆服务中的应用。我们把它叫作图书馆的全纳服务。对全纳服务可理解为：社会的每个成员，包括残疾人等弱势群体成员，都有平等利用图书馆的权利和参与图书馆各项活动的权利。全纳服务是这样一个持续的服务过程，即接纳所有人，反对歧视和排除，促进积极参与，注重合作，满足不同需求。

图书馆全纳服务体现了一种新服务理念，其特点有以下几个方面：第一，人性化。关注尊重每一位读者，接纳所有的人，不排除任何一个人，包括弱势群体人群。第二，平等化。消除歧视和排斥弱势群体。第三，个性化。根据读者不同的需求进行服务，不仅要接纳所有人，更重要的是如何服务所有的人。第四，参与、合作化。积极促进所有读者参与图书馆的各种阅读活动，让所有读者感受到参与合作的成功和喜悦。从活动与参与中学习知识，提高素质。第五，主动性。服务每一个读者，满足读者的需求，而不是让读者来适应图书馆的服务。全纳服务不是一种短期行为，不是让所有人来图书馆就完成了，而是要想方设法为所有人提供高质量的图书使用和服务，并且要改变社会上的歧视和排除现象，创造受人们欢迎的图书馆，建设完善全纳社会。

# 二、图书馆开展全纳服务的意义

图书馆开展全纳服务是社会文明的要求，是构建社会主义和谐社会的需要，是构建全民学习型社会的必然要求，是图书馆科学发展的内在动力和必然趋势。

## （一）图书馆开展全纳服务是时代发展的必然要求

全纳教育经历了一个从特殊性教育、普通教育、全民教育发展到全纳教育的不同历史时期。全纳教育在发展过程中形成的基本理念是加强参与、减少排斥，建成一个全纳社会，实现教育的民主化，这一理念与信息时代图书馆核心价值在于提供参与式服务是相吻合的。图书馆的服务经历了少服务（为少数人的服务）、小服务（提供服务）和大服务（普遍的开放服务）几个不同的历史阶段。古代社会赋予藏书楼的责任就是收集和保存文献资料。古代纸张的质量不高，数量不多，文献的保存数量更是很少，所以藏书楼任务是多收集文献，妥善保存。至于借阅，那仅仅是极少数人享有的特权。所以它们的核心价值在于收藏。近代，随着知识的显性化、透明化和大众化，图书馆作为传播文化的渠道，它的核心价值就转化为提供服务，满足读者需求。这个时代的文献数量和质量已经有很大程度的提高，这时的图书馆所提供的服务，在时代条件的限制下，是被动式服务。因为在图书馆自身的收藏水平限制下，读者是被动的，所接受的是既定式服务，没有选择权。现代图书馆，藏书和网络技术相对成熟，图书馆的核心价值就成为"读者第一，服务至上"，从"以我为主，客户听我的"管理行为，转变为"以客户为主，我听客户的"服务行为。随着博客、维基、简易信息聚合等发展与普及，用户由网络信息利用者转变为网络信息资源的建设者，图书馆的服务模式向读者参与式服务发展。

## （二）图书馆开展全纳服务是构建社会主义和谐社会的需要

胡锦涛同志指出，我们所要建设的社会主义和谐社会，应该是民主法治、公平正义、诚信友爱、充满活力、安定有序、人与自然和谐相处的社会。《国家"十一五"时期文化发展规划纲要》规定，切实维护低收入和特殊群体的基本文化权益。采取政府采购、补贴等措施，开辟服务渠道，丰富服务内容，保障和实现城市低收入居民、残疾人、老年人和农民工等群体的基本文化生活需求。图书馆作为社会文化教育机构，运用全纳教育的理念，关心残疾人的文化权利，既是政府的要求，又是图书馆在构建和谐社会中的社会责任。鼓励、帮助残疾人利用图书馆，学习科学知识和专业技能，树立自尊、自信自强、自立的精神，实现人生价值，有利于构建和谐稳定的社会关系，有利于社会的整体发展。

## （三）图书馆开展全纳服务为构建学习型社会提供良好的平台和智力支持

学习型社会的概念最早是由美国学者罗伯特·哈钦斯提出。1993 年中共中央、国务院颁发《中国教育改革和发展纲要》，首次在中央文件中正式提出终身教育的概念。1995 年颁布的《教育法》以法律形式规定了建立和完善终身教育体系的任务。党的十六大报告强调指出，要构建终身教育体系，形成全民学习、终身学习的学习型社会，促进人的全面发展。党的十七大报告在实现全面建设小康社会奋斗目标的新要求部分指出，现代国民教育体系更加完善，终身教育体系基本形成，全民受教育程度和创新人才培养水平明显提高，并把建设全民学习、终身学习的学习型社会作为优先发展教育、建设人力资源强国的重要任务。图书馆丰富的资料，良好的学习环境，是人们寻求知识、发展自己的渠道，为个人和社会群体终身学习、自由决策和文化发展提供了基本条件。图书馆运用全纳理念，实行开放服务、平等服务、便利服务、参与式服务，为构建学习型社会提供良好的平台和智力支持。

## （四）图书馆开展全纳服务有利于推动图书馆科学发展

党的十七大报告指出：科学发展观，第一要义是发展，核心是以人为本，基本要求是全面协调可持续，根本方法是统筹兼顾。图书馆要谋求科学发展，关键是要从观念和实践两方面证明图书馆对社会的重要性，从而最大程度地赢得政府和社会的支持和投入。促使图书馆科学发展的策略包括观念策略、服务策略、资源策略和形象策略。图书馆应导入全纳理念，形成"以人为本""全纳服务"的图书馆服务观念，激发工作人员为特殊群体服务的热情。图书馆工作人员不仅要有普通图书馆业务技能和技术素质，还应拥有为残疾人等弱势群体服务的技能和素质，达到人员素质的全纳。在此基础上，创新服务方式，发展服务技术，提高服务质量，促进服务改革，从而实现服务水平的进步，用户满意度的提高。这些都可以视为图书馆用来提升自身发展活力的服务策略。图书馆的建筑设备、设施的全纳性，可提高读者的舒适度；图书资料的全纳性，可提高利用率，真正实现图书馆服务的无障碍化，减少排斥，真正实行平等、公平的服务原则，从而提高其社会美誉度，形成完美的公众形象，体现其不可或缺的社会价值，最大限度地赢得社会舆论的支持，获得政府政策上的倾斜和人、财、物方面的支持，以及各种社会团体和个人的捐助，推进图书馆的科学发展。

# 三、图书馆全纳服务的可行性

## （一）法律法规是全纳教育理念运用于图书馆服务的依据

残疾人等弱势群体在社会参与中处于不利地位，其平等权利实现也受到阻碍。努力保障残疾人等弱势群体的平等权益，受到世界各国的重视，国际社会出台了一系列国际公约。与保障公民自由利用图书馆权利有关的国际公约有《经济、社会及文化权利国际公约》《公民权利和政治权利国际公约》等。与读者权利和图书馆发展具体有关的法律有 1850 年英国制定的第一部图书馆法——《公共图书馆法》，已涉及读者权利的内容；1856年美国联邦政府第一次通过了全国图书馆法；1948 年日本通过了图书馆法。据不完全统计，世界上已颁布了几百部专门的图书馆法。我国《宪法》早已规定了教育、文化事业为人民服务的性质。《中华人民共和国教育法》规定公民有受教育的权利，包括使用相应的文化教育设施的权利；《中华人民共和国残疾人保障法》《未成年人保护法》等法律还对保障特殊公民的阅读权利做出了专门的法律规定；2007年中国图书馆学会起草了《图书馆服务宣言》等。这些虽都还不是专门的读者权利保护法，但都在不同程度上明确了弱势群体利用图书馆的权利，使图书馆文化由此注入了民主自由、平等权利的积极因素。

## （二）各国图书馆的实践、探索是全纳理念运用于图书馆服务的基础

保障残疾人等弱势群体的文化权利，除了一系列的法律公约外，各国图书馆也开展了残疾人服务的实践和探索。日本是较早开展图书馆为残疾人服务的国家之一。早在1915年，日本东京本乡图书馆就开设了点字文库。日本除了全国盲文图书馆外，每个县至少有一所以上盲文图书馆，日本图书馆为残疾人服务的现象非常普遍，地方图书馆也成立了残疾人委员会。美国图书馆也是较早有计划有组织地开展为残疾人服务的工作。美国有140个残疾人图书馆，形成了规模庞大的服务网络。英国建立了藏书35万册的国家盲文图书馆。法国巴黎设有5个为残疾人服务的盲聋人图书馆。韩国"健康系统五年计划"规定残疾人网络利用率要从2000年的22.4%上升至2007年的60%，提出了拓展远程学习和家庭学习等要求，还建造了国家盲文图书馆和电子图书馆。

我国图书馆为残疾人服务虽起步晚，但也有了较大的发展。1994年10月始建中国盲文图书馆以来，1995年辽宁省图书馆成立"辽宁省盲人读物中心"，1996年上海图书馆新馆建设广泛采用了无障碍设施，国家图书馆、广东省立中山图书馆、南京图书馆等约72个图书馆设置了专门为残障人士尤其是盲人服务的图书馆阅览区、阅览室，开展了不同层次的服务工作。这些为残疾人的服务实践体现了全纳的理念。

## （三）信息技术的运用是全纳理念运用于图书馆服务的条件

随着以互联网技术为核心的信息技术的发展，人类社会进入了信息时代。当代信息技术主要是指借助计算机技术和电信技术的结合而形成的手段，对声音的、图像的、文字的、数字的和各种传感信号的信息进行获取、加工处理、存储、传播和使用。现代信息技术的引入，改变了图书馆服务的方式。计算机代替了手工操作，网络传输代替了口耳相传，使图书馆的服务打破了时空的限制，先进的信息产品得以广泛运用。如图书馆2.0的服务模式，其主要特征就是个性化和自由组织，用户的个性和价值观不再被轻易左右；它的原则是图书馆无处不在，没有障碍，邀请参与；图书馆使用灵活的单项优势系统。还有许多无障碍信息产品，如平面媒体有声读物、屏幕朗读软件等在图书馆的运用，为视障人士利用图书馆提供了方便。

图书馆运用全纳服务理念要明确两个概念：第一，特殊服务需要。有特殊服务需要的使用者包括具有生理残疾和学习有困难、家庭有问题的弱势群体，这一点决不能忽视。第二，有效参与。指有特殊教育需要的使用者在图书馆为其创设的民主、和谐的环境和情感氛围中，积极主动地学会使用图书馆，并能够与人沟通，与人合作，自然、主动地融合于其所处的情境中。

# 四、图书馆如何为弱势群体提供全纳服务

图书馆的全纳服务是一种全新的理念，要把这种理念运用到图书馆的实践中，就要转变观念，开拓创新，每一位图书馆员，都要具有关爱之心和奉献精神，开展图书馆的全纳服务。另外，要加强对弱势群体的调查研究和思想道德教育工作；利用丰富的资源优势，为弱势群体提供全方位的服务，在提供服务上体现全纳特色。

# 五、图书馆设备、设施的全纳是为弱势群体服务的基础

图书馆设备、设施的全纳，主要指图书馆的馆舍建筑无障碍、设备设施的无障碍，这是图书馆开展全纳服务的基础。

## （一）图书馆硬件设施的全纳

首先，图书馆的建筑、设备设施行无障碍。通道设施的无障碍设计是为了保证弱势群体出入公共图书馆的方便。馆门应有供轮椅进入的坡道以便肢障读者、老年读者的轮椅以及儿童推车进出。正门门口应装有自动门以利于视障读者出入，确保安全。地上应铺设有凹凸纹的盲人引道，通过此道引导盲人读者方便地到达图书馆内的各个部位。要有无障碍设施标志的供残疾人专用的停车场。

其次，视障读者和轮椅读者可使用专门的直升电梯。电梯入口的宽度应在 80 cm 以上，电梯内控制上下的指示按钮均有盲文字符并设有盲人用的按钮，方便盲人使用。安装楼层应有显示屏幕，方便聋哑读者使用。

再次，为方便弱视读者清楚地了解各楼层的功能，馆内应在建筑色彩设计方面进行尝试，每层楼的地面及墙壁的颜色均明显不同，以方便弱视读者感知。另外，走廊宽在 130 cm 以上，每楼层都应设有供休息的座椅。在建筑物显著位置应悬挂国际公认的无障碍标志，以便于弱势群体识别。还有图书馆的卫生间设计也应符合无障碍的要求。卫生间内地面要注意防滑，最好用橡皮砖；门应做外开式或侧面推拉式以便于轮椅进入。卫生间内要设有无障碍专用厕位，安装座式马桶。墙壁两侧的适当高度要装有扶手。要装设低于正常人使用高度的低位洗手池和饮水器，洗手池两侧也要安装扶手，以便于儿童和乘坐轮椅人士使用。另外，墙上的镜子也应设置为倾斜状。同时，为防止发生事故和进行紧急救助，洗手间内安装紧急求救按钮，一旦遇到危险，需要帮助时，可立刻按动按钮发出求助信号，使需要帮助的人及时得到救助。

## （二）图书馆借阅设施的全纳

首先，馆内各借阅室门宽在 80cm 以上；内应专设供特殊人群使用的低位借书柜台，柜台边还有放拐杖的凹槽；为方便轮椅读者，馆内所有开放式书架的间距都要够宽，保证轮椅能够在其间自由活动；应特设可调节高度的阅读桌，轮椅可以进入桌下，使读者能贴近桌面，保证阅读的舒适，同时可调节阅读桌也很适合少年儿童的使用。

其次，为视障读者设置专门的阅览室，为盲人读者除提供点字书、有声图书、录音带外，还应配备可将盲文转为中文汉字的电脑——高科技盲文点式显示器。为方便年纪较大、弱视和部分失明读者阅读，应为他们提供大字图书以及具有放大功能的阅读器。为了方便聋哑读者观看影视光盘，图书馆应提供有中文、英文及手语字幕的光盘。另外，由于老年人视力减弱，辨色力差，为了便于阅读，采取大玻璃采光（特别是朝阳面），可使房间有充足的光线，照明灯也应该比一般居室明亮。只有借阅环境达到了无障碍化，才能把弱势群体吸引到公共图书馆来。

## （三）图书资料的全纳

为了满足弱势群体的需求，为他们创造良好的学习条件，平等地参与社会生活，公共图书馆应主动向他们提供科技信息、休闲娱乐、医疗康复、特殊教育等方面的图书资料，并有计划地扩大采购大字图书、盲文读物、盲人有声读物、聋人读物及反映残疾人生活的一般印刷资料和音像资料。对于视障读者除了提供声音的辅助外，视障者可以通过安装有盲文转换软件、语音软件和盲文书籍文本文件的电脑，独立操作计算机上网查询、检索与浏览书目资料，实现图书的电子化盲文阅读或语音阅读。公共图书馆还要注意听障读者的必要设备的配置，如文字标示、影片及录影带加旁白字幕等，使公共图书馆真正成为弱势群体获取知识的信息中心，成为教育的又一个阵地。

## （四）图书馆服务方式的全纳

通过各种方式，不仅有传统购书送书上门、邮寄服务、朗读服务、接送服务等，还有信息化时代的虚拟服务、参与服务、远程服务等，最大限度地满足残疾人等弱势群体的阅读需要，确保利用图书馆的平等权利。

# 第四章　图书馆为弱势群体服务的
# 实践与探索

## 第一节　国外图书馆为弱势群体服务的
## 历史与现状

　　图书馆对弱势群体的知识援助贯穿了整个图书馆发展历史，从最初为弱势群体打开知识大门到关注他们的知识平等获取、到帮助弱势群体增长知识素养，可以说知识的援助是在随着社会的进步、时代的发展而不断深化发展。关注知识贫困、弥合信息鸿沟，成为现代图书馆目前发展的迫切任务。

## 一、国外图书馆为弱势群体服务的历史

　　图书馆的出现是人类社会进入现代社会的一个重要标志。图书馆作为社会公益事业，从产生之日起就坚持免费、开放、平等、自由等人文理念，并随着社会经济的发展和人类文明程度的提高，越来越重视对弱势群体的知识服务，在实践中不断探索和发展。

### （一）图书馆为平民服务思想的出现

　　17 世纪到 18 世纪欧洲"启蒙时期"，宗教的权威受到挑战，民众的自我

意识提高，对民众进行知识封锁的传统意识被逐渐打破。著名的法国图书馆学家诺代（Gabriel Naude，1600—1653）公元 1627 年撰写出版的《关于创办图书馆的意见书》中提出：图书馆不应该专为特权阶级服务，而必须向一切研究人员开放；馆藏不应当有倾向性和排他性，无论是新书或旧书，异教徒或非异教徒的书，宗教书和一般图书，都要一视同仁。可以说这是平等、自由利用公共图书馆思想的肇始。

1850 年至"一战"期间，是图书馆对弱势群体知识开放的起步阶段。19 世纪工业革命之后，随着城市的扩张、市民阶层的壮大，尤其是社会经济发展迫切需要大量掌握知识和技术的劳动者，图书馆对广大社会人群开放被当作迫切要求而提上日程。一些具有先知与卓见的图书馆领导者纷纷倡导图书馆的免费开放。英国的安东尼·帕尼齐和爱德华·爱德华兹就在这方面有着突出的思想和成就。安东尼·帕尼齐（Antonio Panizzi，1797—1879）在不列颠博物院图书馆工作 35 年并于 1856—1866 年担任馆长。他反对只有少数读者拥有使用藏书借阅的特权。

他曾向议会的特别委员会声明，他要使穷苦的学生和最有钱的富翁在图书馆藏书的范围内，拥有同样的手段去满足他们的求知欲望，进行合理的追求，请教同样的权威，提出咨询。在这一思想的指导下，不列颠博物院图书馆为向读者免费开放作了巨大的努力。在帕尼齐担任不列颠博物院图书馆馆长期间，波士顿的贾雷德·斯伯克斯对使用该馆的情况印象深刻。1840 年他在一封家信中写道，在不列颠博物院图书馆的阅览室里每天聚集着上百名不同民族、不同语言的读者和抄写员，有勤奋的学者、文艺界的妇女以及脸色神秘庄重的老绅士。出身于贫寒的建筑工人家庭的 E. 爱德华兹（E. Edwards，1812—1886）曾与帕尼齐同事。他对 1850 年英国颁布的《图书馆法》贡献良多。1851 年，爱德华兹成了依据图书馆法而建立的第一所市图书馆——曼彻斯特市图书馆的馆长。这期间他写成了他的代表作《图书馆纪要》（*Memoirs of Libraries*，1859）。这部著作中的"公共图书馆的基本原则"一节确切表达了爱德华兹关于公共图书馆的两个原则：一是以天主教的精神为基础而形成；二是接受寄赠成靠捐赠以维持。这两个原则必然导致以下的结论：公共图书馆应排除社会上的阶级观念，不论资本家或市民都可自由利用。

## （二）图书馆平等原则的形成

### 1.英美图书馆率先提出平等原则

图书馆是体现人类自由与平等的理想的圣地。"图书馆面前人人平等"是图书馆界的"人权宣言"。图书馆服务中的平等原则，要求图书馆以博爱精神关爱每一个读者，尊重每一个读者，坚决维护读者的合法权益。世界最早提出图书馆平等服务的是英国。1850年英国议会通过了英国第一部公共图书馆法，图书馆向一切社会公众开放有了法律保障。至1860年，英国已有28所公共图书馆，图书馆的读者除了律师、建筑家、军人和传教士外，工人、手工业者、职员、店员等传统的弱势人群渐渐成了大多数。美国紧步英国之后尘，1851年马萨诸塞州公布了征收图书馆建设税法，并在1854年建立了第一家依法设立的公共图书馆——波士顿公共图书馆。同时各州相继成立了图书馆委员会，通过流动图书车或建立小型乡镇图书馆的形式将图书馆服务扩大到农村地区。1901年，卡内基开始捐献巨资在各地兴建公共图书馆，美国公共图书馆由此掀起了建设高潮。

英美两国公共图书馆运动为其他国家图书馆建设树立了榜样。1889年，刘易斯·斯坦因（Lewis Henry Steiner，1827—1892）在纽瓦克公共图书馆提出公共图书馆是富人和穷人之间的平衡器，它通过为一般人提供文献使他们能享受到富人的乐趣，为雇佣者和被雇佣者提供了基于平等原则的共同之处。1893年7月，第二届国际图书馆员大会召开，会议首次对公共图书馆的目标、任务做比较明确的定义，从而在世界范围内发起了一场建立类似英美公共图书馆的新型公共图书馆运动，欧美大多数国家的一般民众都有了免费获取图书馆服务的可能和条件。当时图书馆界对自身在弥合社会成员差距方面的责任有了初步认识。

### 2.图书馆承担普通民众的社会教育责任

伴随着教育运动的开展，图书馆界意识到对普通民众进行社会教育的责任。美国著名图书馆学家杜威（Dewey，1851—1931）主张公共图书馆应成为"民众的大学"，图书馆员就是另一种老师。1896年起担任《公共图书馆》杂志编辑的玛丽·依琳·阿亨（Mary Eileen Ahern，1865—1938）在杂志上宣称："为了解决所有的社会问题，只可能有一个办法，这就是要不断进行教育，提高民众的知识水平"，"公共图书馆是知识最广博，同时是十分慷慨的教师。还可以说，公共图书馆是知识最丰富的学校，是民众唯一的真正大学"。

## （三）图书馆为弱势群体服务的实践探索

### 1.图书馆为弱势群体服务的起步阶段

19 世纪中期到 20 世纪初，英美等发达国家的图书馆对于生理性弱势群体（如盲人、聋哑人等），以及儿童、妇女、老年人、病人和囚犯等积极展开开放服务。

在儿童服务方面，1865 年英国伯明翰公共图书馆开始对儿童借书。1882年英国从诺丁汉公共图书馆系统中独立出儿童图书馆。在美国，1894 年丹佛公共图书馆首次开辟了儿童阅览室。伊利诺依州香槟城图书馆在 1899 年开设了儿童服务部并开展了为儿童讲故事的活动。

在为盲人服务方面，1882 年 10 月，英国玛莎·阿诺德（Martha Arnold）女士出资兴建的英国盲人外借图书馆（Lending Library for the Blind）开放。在美国，波士顿公共图书馆于 1868 年建立了一个盲人服务部。1882 年，费城盲人免费流通图书馆成立。1895 年，纽约盲人免费流通图书馆建立。1897年约翰·拉希尔·扬（John Russell Young）在国会图书馆建立了一个盲人阅览室，提供 500 本凸文书和音乐资料。在服务方面，美国图书馆不仅为盲人提供阅读盲文的指导，还组织书籍展览，展出盲人自制的产品。在加拿大，1906 年埃德加·罗宾逊（Edgar Robinson）创立了第一个免费的盲人图书馆，1917 年改名为加拿大国家盲人图书馆。

对于医院患者的图书服务起源于 13 世纪的阅读疗法。18 至 19 世纪，英、法、德、美等国精神医院已经利用图书馆为病人服务。英国在 1895 年、德国在 1907 年、美国在 1911 年分别开展了对医院图书馆服务的调查，提出了一些建议。当然，真正面向所有病人的图书馆服务是由第一次世界大战推动的。英国在 1914 年开始了"战争服务"（War Service）活动，伦敦图书馆馆员参与了这项工作，为伤残士兵提供图书。1918 年，这个项目扩展到了一般公立医院，当年出借图书、报纸、杂志达 200 万件。美国图书馆于 1917 年在美国图书馆协会指导下开展了战争服务，并在 1918 年将服务扩展到医院和运输的列车上。

对于边远地区民众的服务，英美公共图书馆也有所开展。1884 年，威廉·普尔（William Fred-Erik Poole）担任芝加哥公共图书馆馆长，通过以商店作流动站的方式，把图书送到了一些偏僻的地区，扩大了图书馆的服务范围。1892 年，杜威任纽约州立图书馆馆长时曾经使用这一方法为偏僻地区的广大居民尤其为农民服务。

随着 19 世纪后期妇女解放运动的发展，妇女要求享有受教育权、选举权等权利，图书馆对妇女的尊重与服务也在此基础上发展起来。美国的杜威提倡在图书馆工作中男女平等，在历史上首次使用女馆员，在图书馆学校首次录取女生。1887 年他在哥伦比亚大学招收图书馆管理学的学生，第一批学生有 20 名，其中 17 名是女生。在英国，明尼·斯图尔特·罗兹·詹姆斯（Minnie Stewart Rhodes James，？—1903）女士是妇女从事图书馆职业的提倡者，她热情支持雇用妇女为馆员，著有《妇女馆员》《美国的妇女馆员》《妇女馆员和她们的前景》等，《妇女馆员和她们的前景》被列为 1899 年伦敦召开的国际妇女代表大会上的宣读论文。

1861 年至 1865 年，美国南北战争废除了奴隶制度，1866 年颁布的《公民权利法案》（Civil Rights Act）承认所有出生于美国的人，不论肤色、种族、宗教，都是美国公民，并且赋予少数种族和黑人以同样的公民权利，以处罚的手段确保他们使用公共设施和公共服务不受歧视。图书馆向黑人开放初期，许多白人图书馆工作者并未意识到黑人对图书资料的需求。1905 年，乔治·伯韦尔·厄特利（George Burwell Utley）担任佛罗里达州杰克逊维尔公共图书馆馆长时，专门为《批评》杂志撰文，论述发展黑人读者的必要性，并且将这种思想付诸现实，在该馆建立起了专门的阅览部，还重点发展了与此相关的各种资料。

总体而言，在 19 世纪末 20 世纪初，西方国家图书馆开始了对弱势群体的服务，并且意识到图书馆在弥补民众的知识匮乏、进行社会教育方面具有积极作用。但是这种服务还处于初期发展阶段，对于身体残疾人士、妇女等弱势群体来说，图书馆的服务还主要由私人慈善捐赠和相关组织来促进实现，规模较小，也没有形成完善的保障制度。

### 2. 为弱势群体服务的拓展阶段

第一次世界大战后到第二次世界大战：对弱势群体服务空间的拓展。20世纪前半叶，世界发生了许多重大事件：第一次世界大战爆发，妇女解放运动的迭起，俄国十月革命的成功，社会主义思潮的广泛传播等。传统社会对于不同地位人群的歧视正从制度上被逐步予以清除。平等服务也成为各国图书馆普遍接受的理念，战后伤残士兵健康的恢复和对新解放群体的知识素养的培养，曾一度成为图书馆为弱势群体服务的重心。1927年国际图联的成立，使得先进的图书馆工作经验得以在世界范围内进行交流。各国图书馆的弱势群体服务逐步被纳入政府规划，图书馆网络的构建、经费的投入和服务的稳定有了基本保障。

理论研究对弱势群体服务的深化起到了推进作用。印度图书馆学家阮冈纳赞（S. R. Ranganathan，1892—1972）为弱势群体服务理论的发展做出了巨大贡献。他在1931年出版了《图书馆学五定律》。第一定律："书是供使用的"，要摆脱传统习惯的各种限制，最终实现免费借给所有的人；第二定律："书是供所有人使用的"，"一视同仁地向每个人提供图书"，"不把一切人——穷人和富人、男人和女人、陆地上的人与海员、年轻人和老年人、聋人和哑人、有文化的人和文盲集中起来，不把地球上的每个角落的人引进知识的天堂，第二定律就不会停止前进"。1939年美国图书馆协会通过了一项《图书馆权利宣言》（*Library's Bill of Rights*），这一文件的主要精神是：图书馆必须提供有关问题的所有不同观点的图书资料，每一个市民都有权自由地得到所要求的资料，否定图书可以因其作者的种族、民族或信仰而受排斥的主张，并申明图书馆应当抵制各种审查。

第一次世界大战结束后，退役伤残士兵的恢复成为政府关注的问题，图书馆积极向病员、身体残疾人群提供主动服务。加拿大国际盲人研究院（Canadian National Institute for the Blind，缩写为CNIB）在20年代针对一些退伍老兵和盲人没有生存能力、无法独立的状况，提供使他们获得社会承认和自身独立能力的帮助，主要是生理上的支持、职业培训、工作介绍和健康恢复。该院于30年代在全国建立6个图书馆分馆，初步建立了国家盲人图书馆网络。在美国，1931年《普拉特—斯穆特法案》通过，建立了在国会图书馆领导下的全国图书馆项目，为成年盲人服务，由联邦政府每年拨款。按照这一法案，国会图书馆随后建立了盲人和身体残疾人服务处，并连同其他18家图书馆形成盲人图书馆服务网络，免费借阅录音或盲文图书杂志、大字书和提供特殊设计的回放设备。国会图书馆还利用联邦政府专款进行盲文图书的制作，并通过图书馆网在全国流通。这些活动标志着全国性的盲人图书馆服务正式启动，并获得了稳定的财政支持，图书馆为盲人服务走上平稳发展的道路。

1919年，曾任全美童子军总会图书馆长的马休斯创办了儿童图书周（每年11月16—22日）。此后，美国各州图书馆纷纷联合学校、书店为儿童提供图书和举办活动。在英国，1919年公共图书馆法促使图书馆服务事业向农村发展。牛津大学亚当斯教授受卡内基联合王国基金会的委托，调查了公共图书馆的状况，于1915年提出了所谓的《亚当斯报告》（*A Report on Library Provision and Policy*）。该报告建议加强农村图书馆的建设，把农村的公共图书馆变成农民精神生活的中心。其后，卡内基联合王国基金会建立了试验性的农村公共图书馆。列宁和他的夫人克鲁普斯卡娅十分关注图书馆对民众开放。列宁为苏联的图书馆事业制定了一条基本原则，即一切图书馆都要向所有公民开放。1920年11月3日，由列宁签署的《人民委员会关于集中管理图书馆事业的命令》第一条就说："教育人民委员部管辖的一切图书馆，以及属于所有其他部门、机关和社会团体的图书馆，一律宣布为人人都能利用的图书馆。"一方面，要求图书馆向所有人开放，注意吸引新兴读者群体，如列宁在1919年2月《给教育人民委员部》的文件中要求各图书馆填写各种表格，其中不少是直接有关图书流通问题的。他还亲自拟定了各馆需要回答的项目，其中之一就是吸引新的读者阶层，如妇女、儿童、非俄罗斯人等等。另一方面，要求图书馆要致力于消除文盲，如1921年全苏工人普及启蒙教育大会做出的决议《苏维埃共和国的新教育》中指出，主要任务之一就是消除文盲，1933—1934年，苏联的每一位公民都应该具有读与写的能力。为实现这一点，克鲁普斯卡娅提出："大众图书馆最起码的一点是要教会读者怎样辨别图书，怎样研究图书，怎样审查图书的书名和所收文章的目次，教会读者怎样做简单的摘录，总而言之，要教会读者怎样读书。大众图书馆应该把教会读者阅读作为自己的任务"，"教会初学文化的人们利用图书馆，这也就是说他们永远避免再回到文盲的状态"。在她的倡议下苏联还建立了"扫盲协会""图书馆之友"等组织。苏联图书馆参与扫盲的成就是巨大的。据1897年全国的调查，年龄在9岁以上的居民中有76％是文盲，农村的居民中文盲的数目达到了80％以上；在妇女中间，文盲的数目达到了88％，而在农村地区达到了91％以上。通过扫盲活动，1939年9岁以上的识字人口占81％以上，其中男性占91％，女性占73％。在第二次世界大战前，苏联基本上消灭了文盲。为了扩大图书馆覆盖率，尤其是给偏僻地区居民提供服务，流动图书馆、图书馆网、农村图书馆开始大量建立起来。

苏联图书馆界非常注重图书在民众中流传的广度，提出"流动图书馆在农村首先应当为农村阅览室、红角、中小学校服务；在城市应当首先为大中小企业和监狱及拘留所服务"，"少数民族大量聚集的地区，流动图书馆的藏书中应当有相应的少数民族图书"。此外，还应当配备普及教育类型的流动图书馆和为特殊读者服务的流动图书馆，如为识字不多的读者服务的流动图书馆、儿童流动图书馆、少数民族流动图书馆等。1934年全苏联图书馆调查，固定图书馆有67 286所，其中59所在农村，流动图书馆有103 558所，其中34所在农村。

在儿童服务方面也有明显的进步。克鲁普斯卡娅作为儿童教育家，很重视儿童图书馆服务，在她的倡议和指导下，苏联儿童图书馆在数量、馆藏选择和服务方面都有很大提高，1934年10月1日统计数据表明，全苏联独立儿童图书馆达301家，1946年增至1 152家。

### 3.图书馆为弱势群体服务的深化阶段

第二次世界大战后至80年代，图书馆为弱势群体的服务深化到全面的知识援助。"二战"后，许多亚非拉国家摆脱殖民统治，自由、民主的观念更加普及，第三次科技革命加快了知识更新的速度，继续教育、终身教育概念也被提了出来。各国在经济重建中增加了对公共事业的财政投入，图书馆得以在制度保障和稳定的财政投入基础上高速发展。同时，国际图联通过机构改革成为真正稳定的国际机构，并在世界图书馆事务指导方面发挥主要作用，而且国际图联与联合国教科文组织就未来合作达成了正式协议，规定教科文组织主要通过国际图联和专业图书馆协会开展合作，为国际图联执行计划提供财政资助。这些有利条件都促进了为弱势群体的图书馆服务。在传统弱势群体（主要指老人、儿童、残疾人、病人、困居家中的人和囚犯）之外，知识滞后的人群也开始成为被关注的弱势群体，公共图书馆意识到在提高社会个体发展能力上的责任。

# 二、国外图书馆为弱势群体服务的现状

20 世纪 80 年代，商业化的侵袭、财政支出的缩减使图书馆在不同程度上遭遇到发展的低潮，对弱势群体的服务也有减少，免费收费之争更是对图书馆一直坚持的免费服务原则提出了挑战，图书馆在艰难处境中踟蹰前行。这种状况在 90 年代才有所改变。技术的发展对图书馆服务的影响力一天一天地加大，网络发展促使信息海量增长，强势群体和弱势群体之间的"知识鸿沟""数字鸿沟"更加严重。国外图书馆界开始探讨信息能力、信息与贫穷的关系等问题，时至今日，这一问题仍然是图书馆界讨论的焦点。

各国图书馆普遍为知识弱势者提供服务。

## （一）提供电脑和网络服务

各国图书馆普遍为知识弱势者提供电脑和网络服务。如英国的山德兰公共图书馆在许多地方建立了设置个人电脑和因特网的"电子村大厅"，为成年人和儿童提供多种软件，同时有经过培训的员工帮助用户。在网络基础设施尚未发展的地区尤其是发展中国家，国际图联呼吁进行南北合作，援助这些地区发展网络设施。非洲的 5 个国家（贝宁、马里、莫桑比克、坦桑尼亚和乌干达）已经建立了农村社区多功能远程服务中心，为当地农民提供现代信息与通信工具。

发达地区的图书馆还为弱势人群创建了专门的数字资源和相应的检索工具。美国盲人和残疾人图书馆服务处（NLS）从 1999 年就开始用网页点字系统通过因特网为盲人用户服务。加拿大国家盲人协会图书馆 1998 年就开始计划将全部馆藏数字化，创建视障者数字门户。2002 年，又协同微软构建了世界上第一个专为盲人和视力受损儿童建立的网络门户——集成数字图书馆系统（the Integrated Digital Library System）。之前，占加拿大人口 10% 的盲人和身体残疾人只能阅读占全部出版物 3% 的盲文文献，而现在盲人或视力受损者可以获取与其他人同样的信息。

## （二）提倡终身教育，鼓励自学，参与扫除文盲

国际图联在 1996 年设立了"扫盲工作组"（Literacy Working Group）来推动扫盲运动，并于 1997 年至 1999 年开展了一次全球性的调查，了解图书馆在扫盲运动中的地位、成功经验和失败教训。国际图联和联合国教科文组织于 1973 年开展的"BOOKS FOR ALL"活动，作为一项长期项目持续到 2002 年，并已在 54 个发展中国家建立了 100 多个青少年图书馆，帮助其开展扫盲工作。各国图书馆也根据国情和弱势人群条件的不同，采用了多种多样的方式从事扫盲。如坦桑尼亚进行的扫盲就包括在全国建立 3 000 所农民图书馆，为农村社区提供报纸杂志，进行农村地区的合作教育，开展远距离教育等活动。如今它已成为非洲文盲率最低的国家。

## （三）信息技术培训

知识贫困者面临的更严重的问题在于缺乏对有用信息的搜集、鉴别能力，因此，信息素质教育更显重要。国际图联 2002 年在《图书馆可持续发展声明》中提出："图书馆还需要加强对公众阅读习惯、信息素养的培养，促进教育，提高公众意识并开展培训活动。"对于青少年的信息素质培养，多数国家将其列入正规课程中，由学校和图书馆共同实施。美国早在 1985 年《2061 计划》规定的 12 大类基本科学知识中就涉及了信息教育的内容，1988 年提出的 Big6 技能方案已作为一门课程在中小学推广。对于一般市民，各国图书馆通过快

报或特别的训练课程等方式为用户提供电脑和网络培训。在南非，学校和公共图书馆提供个性化辅导服务，内容涉及信息搜集、分类、组织和利用。赞比亚图书馆开设了计算机和技术培训中心，通过"触摸发展"（Touch for Progress）计划为盲人提供电脑技能培训等。

## （四）深入社区，为个人和社区提供发展信息

社区越来越成为人们社会生活的主要环境，因此图书馆提出要主动进入社区并提供有关社区以及个人的信息。如新加坡的公共图书馆为新老读者安排熟悉图书馆的活动，组织学校和幼儿园的学生参观图书馆；美国的特拉华州立图书馆开发了 DelAWARE 系统，提供本州的各种联机产品和服务以及州政府信息、因特网信息指南，并与州内各类图书馆实现链接；在委内瑞拉，农村图书馆服务工作中的一个重要目标就是以提供有关农业和畜牧业的信息来提高人们的生活质量，并以有限的资源来满足小型农场主的需求。

# 第二节　我国图书馆为弱势群体服务的历史与现状

## 一、我国图书馆为弱势群体服务的历史

我国图书馆为弱势群体服务起步较晚，与国外比有较大的差距，但也在不断地发展和完善。图书馆为弱势群体服务经历了从忽视到重视的过程。

### （一）我国早期为民服务思想的形式

百年前中国有了现代意义的图书馆。1902 年，徐树兰建立的古越藏书楼对外开放，宣告中国从古代藏书楼向近代图书馆过渡的大幕正式拉开。1904 年，在湖南等地出现了以图书馆命名的省级公共图书馆，随后，全国各地掀起了一个省级图书馆建设高潮。但对照西方 1850 年以后出现的现代图书馆精神，我们很容易看到当时国内图书馆精神的缺失。例如，清末各图书馆章程的规定，总的来说给人居高临下之感，馆与读者不是平等关系，官办图书馆管理员与读者的关系更像是官与民的关系。有图书馆规定"不得携带僮仆幼孩"等，很难让人相信这样的图书馆是为普通民众服务的。图书馆普遍采取阅览收费的服务方式，也无法使普通民众利用图书馆。虽然与国外比有较大的差距，但图书馆也在不断地发展和完善。如 1917 年 12 月 24 日，直隶省天津社会教育办事处在全国率先创办了"儿童图书馆"；1919 年上海私立少年儿童宣讲团图书馆成立，藏书 5 400 册。

1921 年 5 月 1 日，青年诗人、钱庄店员应修人（1900—1933），发起组织"共进会"。这是一个上海钱庄业、银行业青年职工互助性的读书团体，有图书馆。后来藏书增加，读者增多，便在天津路 44 号成立上海通信图书馆，对外开放。该馆以使无产者有书看为宗旨，于 1925 年迁至宝山路三德里。1928

年，藏书由创办时的 138 种增加到 5 000 余种，读者达到两三千人。通信借书的范围遍及全国以至海外。

1933 年 3 月蚂蚁图书馆在上海建立。它是推行蚁社文化运动的主要组织之一，以通信的方式为大众服务，向社会开放。该馆创立的宗旨，是要为偏于一隅和少数人享受的图书馆，开辟一条新的途径，谋文化水准的提高和大众知识界的普及。主张以人类互助的精神及绝对信任的态度，用通信借还的方法，供给有益书报于全国有志读书的朋友们，不收任何物质的报酬，为大众服务。在借阅图书方面该馆规定，不收手续费，不要保证金，没有身份资格的限制，没有地域时间的束缚，毋须熟人介绍。

1940 年 3 月，陕甘宁边区开办鲁迅图书馆、民教馆，专门供民众阅览书报。1944 年 10 月，陕甘宁边区米脂县姜新庄村成立村图书馆，他们靠募捐征集图书，成立了农民自办的图书馆。1946 年 5 月 23 日，《陕甘宁边区政府命令》中提出，当时农村经济发展的情况下，群众生活比较富裕，必须提高文化，但书报甚少，教育厅可抽款拨发各地，设立图书馆供大家阅读。1948 年 8 月，中共边区新华书店组织了第一野战军随军书店，工作人员常用骡子驮着两箱书去前线，帮助部队建立图书馆。

## （二）我国政府为弱势群体服务的一系列文件、规定、法律法规

1950 年 10 月文化部文物局局长郑振铎在《一年来的文物工作》中强调图书馆工作要为工农兵服务；12 月文化部在《1950 年全国文化艺术工作报告与 1951 年计划纲要》中指出：整顿并充实中央、各大行政区及省市现有的图书馆，在有条件的村、镇设立图书室，发展农村图书网。1953 年年初，政务院决定成立中国盲人福利会。毛泽东主席派他的亲家张文秋同志前往，在内务部长谢觉哉、中国人民救济总会秘书长伍云甫的领导下，具体承担中国盲人福利会的筹建任务。张文秋同志担任中国盲人福利会总干事，与黄乃一起创办新中国盲文出版事业。筹建之初，毛泽东主席请周恩来总理亲自解决经费问题，请安子文部长解决干部人事问题。1953 年 7 月，教育部盲哑教育处设

立盲文编译组。1953 年 12 月 3 日，中国盲人福利会盲文出版组正式成立。盲文出版组由姜本信、陈少怀、叶耀增、张重生、唐泽蓉、韦玉白、何仁堂等12 人组成。同年，女盲人李可研制铅印盲文书刊获得成功，新中国第一本盲文图书《谁是最可爱的人》得以正式出版。第二年，由毛泽东主席亲自题写刊名的第一份盲文刊物——《盲人月刊》创刊号出版。

1956 年 12 月，全国省市文化局长会议确定了农村图书室的工作方向，指出它是向农民进行社会主义思想教育传播科学知识的工作，并要求各地必须抓紧农村图书网的建立。

1980 年 5 月中共中央书记处第 23 次会议讨论通过了《图书馆工作汇报提纲》，要求各地文化行政部门都要把图书馆事业的发展当作一件大事来抓，并建议从中央到各省（市、区）有关计划财政部门，将图书馆事业列入计划预算项目，给予积极支持。同时，将图书馆的分布设置列入城市建设规划，对市、县（区）的图书馆要做出规划，有计划地发展。争取在 1985 年前将全国的省、市、县（区）图书馆基本建齐。1985 年以后根据国家经济的情况和小型分散、方便群众的原则，县（区）行政主管部门还应有计划地与有关部门配合，逐步在公社、街道设立分馆。中等以上的城市和大城市的区都要设立少年儿童图书馆，县（区）、市图书馆要设立少年儿童阅览室。在《图书馆工作汇报提纲》精神指引下，我国图书馆建设进入了一个恢复、整顿和大发展的时期。

1982 年 12 月，文化部颁发了《省（自治区）市图书馆工作条例》；各省、市、自治区相继制订和颁布了"市、县公共图书馆条例"。20 世纪 90 年代后期，为适应图书馆事业发展，上海、广东、内蒙、湖北、河南、北京、广西、浙江等地相继颁布了《公共图书馆条例》。北京、上海、浙江明确要求加强少儿图书馆和乡镇、社区图书馆建设。北京市在《北京市图书馆条例》中明确引入"读者权益保障"的概念。

1986 年，隶属于中国最大的 NGO 组织——中国残疾人联合会的华夏出版社成立，以"传播人道主义，弘扬华夏文化"为办社宗旨，注重企业文化建设，以"自尊、自信、自强、自立"为社训，以"人道、廉洁、奉献"为行为准则，努力倡导"有用、有根、有情、有趣"的阅读生活。

1990 年 12 月 28 日第七届全国人民代表大会常务委员会第十七次会议通过《中华人民共和国残疾人保障法》。2008 年 4 月 24 日第十一届全国人民代表大会常务委员会第二次会议修订的《中华人民共和国残疾人保障法》，规定组织和扶持盲文读物、盲人有声读物及其他残疾人读物的编写和出版，根据盲人的实际需要，在公共图书馆设立盲文读物、盲人有声读物图书室。1994 年 10 月。为解决盲文书刊成本高与盲人读者经济能力有限的矛盾，中国盲文出版社在社内建立了中国盲文图书馆，盲人读者只需向图书馆交纳 200 元人民币押金，即可享受终生免费借阅。盲文图书馆的建立，使盲文图书利用率大大提高。1996 年沈阳市图书馆与沈阳残疾人联合会创建的"沈阳市盲人有声读物室"正式开馆。当天有 20 多名盲人来馆借阅。6 月北京图书馆研制的"盲人用中文自动阅读系统"项目通过鉴定。

2005 年，中共中央办公厅、国务院办公厅《关于进一步加强农村文化建设的意见》明确了农村文化建设的目标任务：按照建设社会主义新农村的要求，经过五年的努力，基本形成适应社会主义市场经济体制、符合社会主义精神文明建设规律的农村文化建设新格局。县、乡、村文化基础设施相对完备，公共文化服务切实加强。农村文化工作体制机制逐步理顺，现有文化资源得到有效利用。文化队伍不断壮大，农民自办文化更加活跃。文化产业较快发展，看书难、看戏难、看电影难、收听收看广播电视难的问题基本解决。农村文明程度和农民整体素质有所提高，文化在促进农村生产发展、生活宽裕、乡风文明、村容整洁、管理民主等方面发挥重要作用。

1997 年中宣部、文化部、国家教委、国家科委、广播电视部、新闻出版署、全国总工会、共青团中央、全国妇联九部委在全国组织实施"知识工程"。"知识工程"是以发展图书馆事业为手段，以倡导读书、传播知识、推动社会文明与进步为目的的一项社会文化系统工程，从 1997 年到 2010 年逐步实现下列四大目标：

①形成全社会爱书、读书、利用图书馆的良好风尚，提高全民族的思想道德素质和科学文化水平；

②完善图书馆布点及条件建设，使图书馆网点遍及城乡各地；

③把知识送到农村去，提高广大农民素质，为科教兴农贡献力量；

④提高各级各类图书馆的服务质量、服务水平与服务能力，发挥图书馆在两个文明建设中的作用。

"知识工程"明确提出：到 2010 年，实现经济较发达地区的农村每个乡镇都有一个规模不等的图书馆（室），平均藏书 2 000 册以上，其中，藏书万册以上的达到 30%。有条件的村要设立图书室。继续发展汽车图书馆，为牧区和人口稀少的农村服务。县级图书馆要重点面向农村，坚持送书下乡，送知识、信息下乡，并大力支持乡镇图书馆和农村图书室的建设。

2006 年《国家"十一五"时期文化发展规划纲要》中提出，切实维护低收入和特殊群体的基本文化权益。采取政府采购、补贴等措施，开辟服务渠道，丰富服务内容，保障和实现城市低收入居民、残疾人、老年人和农民工等群体的基本文化生活需求。把农村作为文化建设的重点，推进农村文化设施和重点工程建设。加快欠发达地区综合文化站的改扩建和农村危旧公共文化设施的改造，实施农村文化重点工程建设，改善、提升农村公共文化基础设施条件和服务水准，逐步改变城乡之间文化发展不平衡现象。这些法律、法规和文件是图书馆为弱势群体服务的依据和目标，图书馆为弱势群体服务因而有法可依。但这还不够，还要做到有法必依，执法必严，把为弱势群体服务落到实处。在党和政府的关心下，在构建和谐社会的建设中，弱势群体得到了前所未有的重视，残疾人的受教育权得到了更好的保障，进一步提高了残疾人的素质和平等参与的能力。全国为盲、聋、智残少年儿童兴办的特殊教育学校已有 1 667 所，义务教育普通学校附设特教班 2 803 个，在校的盲、聋、智残学生达到 58 万人。已开办特殊教育普通高中 83 所，在校生 4 978 人。其中，聋高中 68 所，在校生 4 047 人；盲高中 15 所，在校生 931人。全国有 5 234 名残疾人被普通高等院校录取。

在文化方面，截至 2007 年年底，全国共开辟省级报刊专栏 37 个，报刊专版 161 个，残疾人专题广播节目 31 个，电视手语新闻栏目 22 个，其他电视残疾人专题栏目 11 个；建立省级残疾人事业新闻宣传促进会 28 个；共开辟市（地）级报刊专栏 513 个，报刊专版 867 个，残疾人专题广播节目 1 160个，电视手语新闻栏目 190 个，其他电视残疾人专题栏目 356 个，建立市（地）级残疾人事业新闻宣传促进会 187 个。文化设施得到了改善，有许多公共图书馆建筑实施了无障碍建设，各地还建起了打工者阅览室等。国家图书馆向西部贫困地区捐赠图书 40 万册，受捐的基层图书馆 55 个，200 余位图书馆员参加了培训。有的地区建立农民工培训学校及共享工程基层中心，为农民送书，送文化共享工程资料。

2007 年 3 月，中央文明办、国家发展改革委、科技部、民政部、财政部、农业部、计生委、新闻出版总署联合发出《关于印发〈农家书屋工程实施意见〉的通知》，开始在全国实施"农家书屋"工程。"农家书屋"是为满足农民的文化需要，在行政村建立的、农民自己管理的、能提供农民实用的书报刊和音像电子产品阅读视听条件的公益性文化服务设施。每个农家书屋原则上可供借阅的图书不少于 1 000 册，报刊不少于 30 种，电子音像制品不少于 100 种（张），具备条件的地区，可增加一定比例的网络图书、网络报纸、网络期刊等。

农家书屋工程坚持以邓小平理论和"三个代表"重要思想为指导，以科学发展观为统领，全面贯彻党的十六大和十六届三中、四中、五中、六中全会精神，加大政府对新农村文化建设的投入，充分调动社会各方面力量，大力发展社会主义先进文化，保障农民群众最基本的文化权益，推动农村经济社会发展和社会主义和谐社会的建设。

农家书屋工程按照"政府组织建设，鼓励社会捐助，农民自主管理，创新机制发展"的思路组织实施，把各部门、各地区在农村文化建设中的类似项目结合起来，相互补充，同步推进，实现资源整合；同时，广泛动员社会力量参与，鼓励国内外各界采用多种形式、多种渠道进行捐助；农家书屋建立之后，按照农民自主管理、自我服务的模式进行管理和运行；具备条件的书屋，政府鼓励支持其开展出版物经营活动，通过经营收入进一步支持"农家书屋"的良性发展。该工程"十一五"期间在全国建立 20 万个农家书屋，2015 年基本覆盖全国的行政村。

## 二、我国图书馆为弱势群体服务的现状

近些年来，在党和政府的关心下，在社会各界的努力下，特别是在构建

和谐社会、落实科学发展观的过程中，我国图书馆特别是公共图书馆为残疾人提供的服务工作得到了长足的发展，在服务内容、形式、制度上进行了积极的实践和探索。

## （一）多层体制、多元化为弱势群体服务

公共图书馆依据党和国家的政策要求，把为弱势群体服务列入工作计划，其他各级各类图书馆也加入服务行列，如建设残障人士阅览室及以不同形式建图书室。通过自建、合建、租建等方式，截至 2008 年年底，全国已建成农家书屋 5 万余家，在丰富农村文化生活、提高农民群众素质方面发挥了积极有效的作用，受到农民群众的热烈欢迎。全国各地相继开辟的盲人阅览室、残疾人阅览室有 294 个。残疾人阅览室有的是属文化系统，有的是残联兴建的，有的是联合建的；有的在市区，有的在郊区，大部分是在社区，且近年来数量不断增加。服务方式也越来越多样化，如送书上门、设立残疾人通道和电梯、文化下乡、文化扶贫等。

## （二）为弱势群体服务的不足与问题

### 1. 公共图书馆的发展与弱势群体的文化需求不相适应

目前，我国公共图书馆的发展与弱势群体的文化需求不相适应。中国平均 45.9 万人拥有一所公共图书馆，一年购书经费人均不足 0.3 元，这与每 1.5 km 半径内设置一所公共图书馆，平均 2 万人左右拥有一所公共图书馆的国际标准相去甚远。截至 2000 年年底，我国仍有 144 个县无图书馆，108 个县图书馆无馆舍，159 个县图书馆馆舍面积低于 300 $m^2$，在有馆舍的图书馆中，有 287 个图书馆无坐席。部分馆经费拮据，购书能力和服务能力低下。这些地区既是政治、经济、文化欠发达的地区，又是弱势群体集中居住的地区，能享受到图书馆服务的人只有少数。

在公共图书馆建设中，少儿图书馆是一个薄弱的环节。全国独立建制的少儿图书馆有 77 所，其中东部、东南部有 60 所，占 78%；西部、西南部有 17 所，占 22%。有 30% 的省、市没有独立建制的少儿图书馆；40% 以上大、

中城市的区没有独立的少儿图书馆。我国中小学图书馆建设虽有很大发展，但与教育事业的发展，与中小学生的阅读需要，尚有很大差距。

2. 为弱势群体服务工作尚未形成制度和规模

总体而言，提供的服务项目少，只限于老年阅览室、盲人阅览室、送书等，而且很多时候对这方面的服务工作不够热心，流于形式。由于图书馆自身经济状况不佳，部分服务尚收取一定的费用，损害了弱势群体获得知识和信息的权利。

3. 基层（特别是农村）公共文化服务功能比较薄弱

当前，我国农村居民的文化需求日益增长，农村居民家庭文教娱乐支出占总支出的比重由 1989 年的 5.7%上升到 2005 年的 11.6%。

但是，文化服务特别是公共文化服务还不能适应农村居民文化需求急剧增长的要求。目前我国各级文化单位，尤其是基层文化单位，提供公共文化服务的能力尚有很大欠缺，许多地方文化馆、图书馆、文化站运转困难。特别是中西部地区文化事业经费投入明显偏少，农村文化基础设施落后，公共文化资源总量偏少、质量不高的问题仍很突出。为农服务的文化机构运转存在较大困难，公共文化机构运转乏力。

4. 公民参与文化生活的缺位与不平衡并存

公民文化参与存在文化背景、受教育程度、社会地位、地域等差别，弱势群体如贫困户、农民工的文化权利不能得到充分保障。目前，我国绝大多数农民工的文化生活依然单调乏味，相当数量的农民工很少参加文化活动，农民工文化权利的实现度较低。政府针对农民工的公共文化服务显得薄弱，一些地方将农民工排斥在公共文化服务体系之外，形成了事实上的文化障碍。

5. 文化发展中的不平衡

文化发展中存在地域间、城乡间、阶层间的不均衡，出现了地区间的"鸿沟"、城乡"二元结构"与阶层间的"差序结构"。主要表现为中西部文化发展明显滞后于东部地区，农村文化发展滞后于城市，贫困阶层的文化边缘化等。从地区文化差异的角度来看，我国西部地区与东部地区、发达地区与不发达地区存在较大的文化差异。从阶层文化差异的角度来看，我国存在着不同阶层文化的明显差异，贫富阶层之间的文化不公平程度较高。

# 第三节　图书馆弱势群体服务的理论研究
## 与实践探索

## 一、图书馆弱势群体服务的理论探索

在构建社会主义和谐社会中，图书馆弱势群体服务成为业界长期关注的一个热点话题。近几年图书馆服务理念在转变，重视培养为弱势群体服务的专业人员。如何确保弱势群体与其他人一样享有平等使用图书馆的权利，使图书馆成为获取信息的场所，图书馆界的有识之士进行了大量的理论研究和实践探索。

在短短的九年中，图书馆为弱势群体服务的研究得到了极大的重视和较快的发展。为弱势群体服务是社会文明的体现。20 世纪末以来，我国图书馆界关注为弱势群体的服务，并在这方面进行了有益的探索，取得了许多宝贵的经验。理论来源于实践，图书馆为弱势群体服务的研究工作有很大的起色，反映了实际工作的进步。但我国图书馆界一贯的服务模式和思维定势，使图书馆为弱势群体服务工作难以有重大突破，为残障群体服务方面投入的力量还远远不够，服务工作跟不上社会的客观需要。这里既有技术问题，又有设备和经费问题，更重要的是为残障人服务的专业人员的问题。

## 二、图书馆弱势群体服务的实践探索

图书馆界在理论上的探索，为实践提供了方向。图书馆积极进行为弱势群体服务的实践探索。

### （一）加大为弱势群体服务的宣传力度

过去因为公共图书馆为弱势群体服务的项目少，弱势群体利用图书馆服务少，所以图书馆要加大宣传力度，通过各种媒体宣传及与相关部门联系，让更多的弱势人群利用图书馆的服务。

## （二）了解特殊读者，建立重点读者档案

所谓重点残疾人读者是指有专业知识、身残志坚、对国家有重大贡献的读者。建立这些读者的档案，是为了掌握其情况，以便更好地为他们服务。弱势群体是图书馆的服务对象，图书馆要加强与他们的沟通和交流，了解不同层次读者对信息的需求。

## （三）对服务方式和方法进行探索

建立图书馆（室）或借书网点。
开展各种免费讲座和咨询服务。

## （四）对办馆模式和资金投入进行研究

与一些福利组织机构联合。在为弱势群体服务的工作中，图书馆可以和有关单位、组织合作发挥各自的优势，加大为弱势群体服务设施的投入。

与相关部门建立信息网络。借助当地劳动部门、妇联、工会组织、残联等外围资源，加强支持网络建设，力求使各种优势资源、优势群体都来关注弱势群体，建立健全公共图书馆网络资源系统，为解决弱势群体自学成才走出一条新路。

# 三、图书馆为弱势群体服务的实践活动

图书馆为弱势群体服务不仅是理论上和方法上的探索，更重要的是要落实到图书馆的各项具体工作之中。我国各级各类图书馆都不同程度地进行了为弱势群体服务的实践活动。

## （一）参与农村公共文化建设，服务农村弱势群体

参与乡镇图书馆建设。

助建"农家书屋"工程，服务"农家书屋"。

## （二）为各类弱势群体的服务

为残障群体服务。残疾人、盲人是社会中的一个特殊群体，他们在生活等方面存在着常人意想不到的困难，需要全社会的关爱。在为残疾人、盲人提供特殊服务方面，图书馆做了许多工作，如有的图书馆为盲人、残疾人专门设置了特别设施，如轮椅通道、伤残读者接待室、专用电梯、阅览专座、专用厕所等；有的图书馆专门为残疾读者办理残疾证，持残疾证可在馆内各阅览室免费阅览，在借阅册次和归还时间上也相应放宽；还有的图书馆为残疾读者送书上门，为他们提供急需的科技信息、致富信息、医药卫生、家电维修等方面的书。

服务少年儿童。处在成长期的少年儿童求知欲强，但普遍不了解如何查找自己喜爱的读物，图书馆的工作人员应对他们悉心辅导，并定期组织少年儿童开展健康有益的读书活动。

为老年人服务。为老年人提供再学习的场所，并开展健康知识讲座、书法笔会等特色服务。

为下岗人员服务。下岗职工普遍经济较困难。再就业必须学习新知识，掌握新技术。应对他们办理免费借书证，开展职业教育培训、专业知识更新教育，并加强与当地劳动就业管理部门、中介机构、人才交流中心的沟通与联系，提供下岗职工再就业信息。

开展为农民工服务。为农民工搭建知识平台。

为服刑人员服务。设立监狱图书流通点，是图书馆为服刑人员服务的重要内容。

# 第五章　图书馆为弱势群体服务的无障碍环境建设

## 第一节　无障碍环境建设

### 一、无障碍环境概念

无障碍环境就是人类为征服和治理残疾而有意识构造的新环境，是文明国家的一个重要表现。国际上对于无障碍环境建设的研究可以追溯到 20 世纪 30 年代初，当时瑞典、丹麦已建有专供残疾人使用的设施。20 世纪 50 年代末，正常化、回归社会主流的理念在北欧兴起，随后广泛传播到世界各地。这种思想强调"只以健康人为中心的社会并不是正常的社会"，主张采取措施使残疾人顺利进入社会与健全人一样共同生活。为此，就必须将残疾人的特殊需求纳入建筑设计考虑因素，调整过去只以健康成年人为对象的建筑设计标准，以清除在城市环境中一切不利于残疾人活动的物质障碍，开拓一个无障碍的生活环境。1959 年，欧洲议会就通过了方便残疾人使用的公共建筑物设计及建设的决议，"无障碍"的概念开始形成。联合国于 2006 年年底通过的《残疾人权利公约》，明确规定各缔约国要开展无障碍建设，以保证残疾人能够平等地参与社会生活。

无障碍环境建设已成为国际社会通行的重要保障措施。新的《中华人民共和国残疾人保障法》颁布实施后，极大推动我国图书馆的无障碍环境建设发展。

## （一）什么是无障碍环境

无障碍环境不是一种行为或状态，而是指进入、接近、利用一种境遇或与之联系的选择自由。环境是想获得的境遇的全部或部分。如果通过建设无障碍环境的方法从而提供了参与机会的均等，那么就达到了平等参与。无障碍环境的因素是环境的属性，而不是环境的特点。

从环境的概念来理解无障碍环境：所谓环境，即每个人在日常生活中面对的一切，通常是指围绕人群的空间和作用于人类这一对象的所有外界影响与力量的总和。我国《环境保护法》把环境分为两大类：一类是"天然的自然因素总体"，也就是人们通常所说的自然环境，其特点是天然形成，无人工干预；另一类是"经过人工改造的自然因素总体"，即在天然的自然因素基础上，人类经过有意识地劳动而构造出的有别于原有自然环境的新环境。无障碍环境就是人类为征服和治理残疾而有意识构造的新环境。无障碍环境是一个既可通行无阻又易于接近的理想环境，是残疾人参与社会生活的基本条件，是完善公共服务和城市功能不可或缺的一个基本元素。所以无障碍环境并非某一社会群体所关心的问题，而是全民发展的必要前提。

## （二）无障碍环境建设的目的和内容

无障碍环境建设的目的在于确保残疾人、老年人等弱势人群行动的自由，扩大其行动范围，使其能平等地充分参与社会生活，共享社会物质文化成果，成为同样可以有贡献于社会的公民。

无障碍环境建设，包含物质环境建设和人文环境建设两个层面的内容。物质环境建设主要是指无障碍建设，包括城市的道路、公共建筑物和居住区的规划、设计和建设，方便残疾人通行和使用。如盲人过街音响装置、人行天桥升降梯、无障碍电梯、残疾人淋浴间、无障碍厕所、残疾人专用停车位、盲文站牌等。公共传媒，应使听力、言语和视力残疾者能够无障碍地获得信息，进行交流，如影视节目的字幕和解说、电视手语、盲人有声读物、计算机和互联网技术等。无障碍环境，是残疾人走出家门、参与社会生活的基本条件，也是方便老年人、妇女儿童和其他社会成员的重要措施。同时，它直接影响着我国的城市形象与国际形象。加强无障碍环境建设，是物质文明和精神文明的集中体现，是社会进步的重要标志，对提高人的素质，培养全民公共道德意识，推动精神文明建设等，具有重要的社会意义。

人文环境是通过人们的环境行为表现的行为环境，即软环境。无障碍人文环境建设，是指营造残疾人平等参与社会生活的社会环境，消除社会排斥、实现残疾人社会交往和社会参与的无障碍。无障碍的人文环境是一种健康的、积极的、没有人为障碍的社会文化环境，那种环境远离偏见，远离歧视，没有畸形病态的处世观念，视各类残疾人为"人"的成员，体现较高的"以人为本、扬长避短"的思想。人文环境无障碍建设包括无障碍理念、法律制度的无障碍、教育的无障碍，还包括文化体育活动、管理模式等方面的无障碍。人文环境无障碍建设，对保障残疾人平等充分地参与社会生活，共享社会物质文化成果，具有重要的意义。

# 二、国内外无障碍环境建设的概况

在社会文明不断进步的今天，"正常化""主流化"等思想的冲击，人道主义精神的弘扬，以人为本理念的深入，促使建设确保残疾人和老年人行动自由、积极参与社会活动的"无障碍环境"成为世界共同的课题。许多国家的无障碍环境建设已经建立了多层次的立法保障，进入了科研和教育领域。这促使我们不断探索新的方法和措施，建立系列法律制度，推动我国无障碍环境建设。

## （一）国外无障碍环境建设的概况

### 1. 无障碍环境的立法

美国、英国、瑞典、加拿大、德国、日本、以色列、丹麦、芬兰等国家和地区都制定与完善了各自的无障碍设计法规。

### 2.无障碍设计的理念

国外开展无障碍环境设计比较早，积累了丰富的经验。尤其是美国，其无障碍环境设计有多层次立法保障，并已进入了科研与教育的领域。各种无障碍设施既有全方位的布局，又与建筑艺术协调，给残疾人、老年人带来了方便与安全，设计水平堪称世界一流。

### 3.无障碍环境设计理念在图书馆的运用

发达国家和地区公共图书馆、高校图书馆非常重视无障碍设计与设施。从图书馆的建筑设计理念到图书馆的各种设施，处处体现了对残疾读者的悉心关怀和以读者为中心的服务宗旨。

## （二）我国无障碍环境建设情况

### 1.我国无障碍环境建设的立法

目前，我国正在大力推进无障碍设施建设。这是维护和保障残疾人等社会特殊群体切身利益和合法权益的一件大事，是落实科学发展观、构建社会主义和谐社会的一件实事，是坚持以人为本、体现现代社会人文关怀的高尚之举。

### 2.无障碍环境设施的进展

我国开展无障碍环境设计研究以来，从无到有、从点到线、从线到面，发展迅速，现已建成一批富有特色的无障碍设施。北京、天津、上海、广州、深圳等城市经过多年努力，已逐步建成了一批无障碍设施，发挥了一定的社会效益。

### 3.图书馆无障碍物质环境建设的现状

新中国成立以后，特别是改革开放以来，我国图书馆事业发展迅速，表现之一就是各类型图书馆普遍大规模兴建。20 世纪 80 年代，以国家图书馆的竣工为高潮，我国图书馆建设进入了前所未有的黄金时代。

但是 80 年代建起的图书馆毕竟有很多没有考虑到的细节，一旦启用又无机会补建，留下了遗憾。而且这一时期，注意到无障碍设计的局限于大型公共图书馆，中小型公共图书馆和大学图书馆还没有无障碍设计的自觉意识。2000 年后建设的图书馆，特别是公共图书馆，一般都注意到了无障碍设计。

### 4.图书馆物质环境建设中存在的主要问题

无障碍设计未实现系统化。有的设计对盲道、通道门、楼道、电梯、电话、洗手间、扶手及标志物等不细；有的部位有所遗漏，形不成系统，影响了无障碍工程的连续性；有的电梯中不设护栏；有的图书馆大门口无提示盲道；大部分都没有注意设残疾人停车位。无障碍设施不系统，阻碍了残疾人等弱势群体到图书馆借阅书刊和参与社会活动。

# 第二节　图书馆的无障碍建筑设计

为规范建设无障碍设施，国家建设部下发了《城市道路和建筑物无障碍设计规范》，其中有 24 条为工程建设强制性标准条文，于 2001 年 8 月 21 日起开始执行。图书馆建设也不例外。图书馆为弱势群体服务的设施建设，主要是指图书馆的无障碍建筑设计，这是弱势群体平等享受社会物质文明和精神文明成果的基础。图书馆无障碍建筑设计的依据是我国有关部门制定的建筑无障碍设计规范和标准，即建设部《关于印发一九九八年工程建设城建、建工行业标准制订、修订项目计划的通知》、北京市建筑设计研究院主编的《城市道路和建筑物无障碍设计规范》和中华人民共和国国家标准《图书馆建筑设计规范》。

依据 2001 年 8 月 1 日施行的《城市道路和建筑物无障碍设计规范》中有关公共建筑的规定，文化、纪念建筑进行无障碍设计的范围包括：建筑基地（庭院、人行通路、停车车位）；建筑入口、入口平台及门、水平与垂直交通；接待室、休息室；信息及查询服务；出纳、目录厅、阅览室、阅读室；展览厅、报告厅、陈列厅、视听室等；公共厕所；售票处、总服务台、公共电话、饮水器等相应设施。

图书馆无障碍设计的要求，主要是指物质建设，包括馆舍建设、设施的配备标准。图书馆的领导和工作人员要依据图书馆的工作要求把无障碍设施运用到图书馆的日常工作中。

# 第三节　图书馆的无障碍人文环境建设

## 一、无障碍人文环境

人文环境是指为一定社会系统内外文化变量的函数。文化变量包括共同体的态度、观念、信仰系统、认知环境等。人文环境是社会本体中隐藏的无形环境，是潜移默化的民族灵魂，实际就是指人们周围的社会环境。无障碍的人文环境是一种健康的、积极的、没有人为障碍的社会文化环境，那种环境远离偏见，远离歧视，没有畸形病态的处世观念。无障碍人文环境，目前还没有一个明确的概念。我们可从人文环境的概念认识和理解无障碍人文环境。它包括行为态度、理念信仰等，还包括文化体育活动、管理模式等方面的无障碍。其中人的观念无障碍是最重要的。无障碍理念简要地说，就是全社会的每个人都有一颗善良的心，对他人充满着理解、关爱的思想。

## 二、图书馆的无障碍人文环境

就图书馆无障碍人文环境而言，是指管理者、馆员、读者之间相互作用所形成的各种直接和间接的关系、影响、权利、义务等因素的总和。

图书馆人文环境无障碍是立体的、全方位的，具体包括服务环境、法规环境、舆论环境、工作环境、人际环境、语言环境、物质环境等。构建图书馆的无障碍人文环境就是要在图书馆的硬环境和软环境建设中体现出这种无障碍人文精神。

## 三、图书馆无障碍人文环境建设的现状

我国政府十分关心和重视无障碍设施的建设和发展，从法规、规划、政

策、标准以及产品研发等多方面采取了一系列推进措施。特别是残奥会在中国进行，让人们亲眼目睹了什么是无障碍环境和无障碍设施，看到残奥选手克服身体残缺带来的不便，勇敢地向生理极限发起挑战。这种"超越、融合、共享"的理念，成功拉近了残疾人与健全人的距离，促进健全人对残疾人的认识，帮助残疾人更好地融入社会。社会无障碍人文环境得到了优化，图书馆的无障碍人文环境得到了改善。但是这项工作毕竟刚起步，还存在着认识上的误区和诸多的不足。

## （一）对无障碍认识的误区

认为障碍来自残疾人自身的缺陷，没有认识到残疾人面对的种种障碍不是残疾本身所致，主要是社会做出的排斥决定所致。残疾不仅是残疾人个人应该应对的问题，整个社会和环境都应该进行调整，使所有人都能顺利地参与社会生活。由于不甚了解残障者的身心特质与特殊需求，没有认识到残疾人需要的不是"怜悯"而是平等、尊重和真诚，简单地把他们视为弱者，只看作是救济的对象，而不是一个参与社会生活的主体权利人。一谈到无障碍，就认为仅是物质环境的无障碍，就图书馆而言，还局限于建设盲文阅览室、残疾人图书馆等。

## （二）无障碍人文环境的建设，只重物质形式

即重视馆舍和设施的无障碍建设而忽视了图书馆员队伍无障碍服务技能的培养和训练，图书馆服务形式只满足于信息的无障碍服务而忽视了信息交流无障碍。图书馆工作人员普遍不会手语，不懂盲文，无法与聋人和盲人进行正常的交流，隔离服务多于参与服务，"怜悯"同情多于平等、尊重。对残疾人等特殊群体的阅读需求、心理特点研究不够，仍以物质无障碍的研究为主。

## （三）无障碍人文环境的淡薄

图书馆的无障碍物质环境的建设有了较大改善，但人文精神缺失，建起

来的盲文阅览室读者寥寥无几，残疾人图书馆利用率不高。除了无障碍设施不完善外，图书馆志愿者服务体系不健全，人文环境淡薄，是重要的因素，使得残疾人利用图书馆遭遇许多障碍与困难。

# 四、优化图书馆的无障碍人文环境

图书馆的无障碍人文环境，是图书馆无障碍建设的重要内容。如何营造和优化图书馆的无障碍人文环境（以下简称环境），笔者认为主要可从无障碍观念、法律、制度和图书馆队伍建设等方面去努力。

## （一）无障碍观念是优化图书馆环境的核心

人的观念无障碍是最重要的，无障碍的观念要通过无障碍的舆论氛围去营造和宣传。2008 年残奥会在我国举办是对社会弘扬无障碍理念的一次极好机会。图书馆作为社会的教育服务机构，要形成自己良好的社会形象，提高服务质量和服务水平，关键在于真正树立起无障碍的观念，在物质环境无障碍还不完善的情况下，积极想办法去减少障碍，健全图书馆志愿者服务体系，使图书馆成为无障碍理念的人类文明化身，从而影响周围的人，影响全社会无障碍地发展和进步。

## （二）法律和制度是优化图书馆环境的保证

在一个拥有无障碍理念的社会，每一个成员都应怀抱一颗善良的心，对他人充满理解、关爱。但真正意义上的无障碍社会的实现，不仅要物质环境无障碍、信息交流无障碍、人文环境无障碍，还须以立法的形式对残疾人的生活、教育、康复、医疗、就业等各方面的权益予以尊重和保障。尤其是拥有平等的教育与就业机会，对于残疾人的终身发展与社会融合至关重要。图书馆作为社会教育机构，让残疾人拥有平等的阅读权，积极宣传、贯彻《中华人民共和国残疾人保障法》，并以法律为依据完善图书馆的规章制度，用法律和制度来保障残疾人在图书馆的平等权，这是优化图书馆的无障碍环境的根本保证。

## （三）图书馆员是优化图书馆环境的灵魂

有位专家说过，图书馆员是图书馆事业的灵魂。这是因为图书馆的任何工作都要由图书馆员来完成，营造图书馆的无障碍人文环境也不例外。馆员的行为、表情等体现了图书馆的精神风貌和人文理念。这是一种无形的环境。很多时候，环境障碍并非因为资源不足，而是由人们的无知和缺乏关怀造成的。一个细微的帮助就能产生巨大的影响，消除障碍。在残奥会上无论是胡锦涛主席搀扶残疾人贵宾，还是北京奥组委刘淇主席扶持国际残奥委会克雷文主席上主席台，都是从一点一滴的细小动作中关注和支持残疾人事业的举动，为全国人民和全体图书馆工作者作出表率。图书馆的管理者和图书馆员，以残奥会为契机，增强无障碍服务意识，认真学习为残疾人服务的基本知识和技能，如手语、盲文等。更重要的是从服务态度、方式、意识上无障碍，从细微处做起，一个微笑，一句问候，都可消除障碍，优化图书馆的无障碍人文环境。

# 第六章 图书馆弱势群体阅读推广服务

## 第一节 图书馆弱势群体阅读推广的现状

### 一、我国特殊教育概况

据2007年中国残疾人事业发展统计公报显示，全国为盲、聋、智残少年儿童兴办的特殊教育学校达1 667所，义务教育普通学校附设的特教班有2 803个，在校的盲、聋、智残学生达到58万人。全国有5 234名残疾人被普通高等院校录取，1 086名残疾人进入特殊教育学院学习。1986年至2008年，仅全国义务教育特教学校及普通学校特教班的在校生就从4.72万人发展到41.3万人。

江苏省有特殊教育学校109所，其中有47所特殊教育学校初步达到了江苏省特殊教育现代化示范学校的建设标准。全省有残疾儿童少年随班就读点4 761个，残疾儿童少年在校生38 155人。全省残疾儿童少年义务教育入学率达96％。全省107个县（市、区）中有40个县（市、区）被评为全国特殊教育先进县（区）。但是图书馆建设的情况不容乐观。

### 二、特殊教育学校图书馆的建设现状

全国特殊教育学校图书馆（室）建设情况因地区和省份的不同而有一定的差距，总体来说，东部沿海地区比西部、中部建设得好；经济发达地区比欠发达地区发展得好；城市特殊教育学校建设比农村特殊教育学校好；大城

市特殊教育学校建设比一般城市要好。差异主要体现在经费投入和学校的发展状况上。

# 三、特殊教育学校图书馆（室）发展策略和措施

党的十七大报告指出，重视学前教育，关心特殊教育。这是第一次把特殊教育写入党的报告。十九大报告再次指出，推动城乡义务教育一体化发展，高度重视农村义务教育，办好学前教育、特殊教育和网络教育，普及高中阶段教育，努力让每个孩子都能享有公平而有质量的教育。这些都充分体现了党和政府对特殊教育的重视。对特殊教育学校图书馆而言也是一个发展的机遇，图书馆（室）工作人员要积极争取学校领导的重视，加大对图书馆（室）的投资和建设。

## （一）要解放思想，把握机遇

在构建和谐社会里，党和政府十分重视残疾人教育。特别是残奥会在中国的宣传，残疾人在运动场自强不息、奋力拼搏的精神，深深激励、鼓舞着人们，"同一个世界，同一个梦"为人们了解残疾人提供了平台，改变着人们对残疾人的偏见，接纳、包容、帮助残疾人已经成为社会的主流。特殊教育学校的领导和图书馆的工作者，要提高认识，把握机遇，制定规划，将学校图书馆建设作为学校的重要发展内容，争取政府关注，社会资助。建设适合特殊学校师生课外阅读的图书馆。

## （二）要将图书馆建设纳入学校信息化建设

在图书馆（室）的发展设想方面，很多图书馆（室）提出了很多建设性的意见和建议，除了希望得到有关部门和热爱残疾人事业的组织及个人的帮助外，能够高瞻远瞩，为未来图书馆（室）的发展做出美好的蓝图。特别是大部分特殊教育学校的领导和图书馆（室）的管理人员都已经意识到了电子

图书馆建设的重要性和紧迫性。将图书馆建设作为学校信息建设的重要组成部分，这是特殊教育学校图书馆建设的新思路，以信息化带动现代化，将特殊教育信息化建设纳入中小学"校校通"工程和图书馆建设之中，信息技术手段在特殊教育中和图书馆的服务中得到广泛运用，从而推动了图书馆事业的发展。

## （三）要提高图书馆员素质和服务技能

培养和引进既有图书馆方面知识又懂得手语、盲文的老师做兼职或专业的图书馆管理员，对于原有的工作人员采用在职培训和脱产培训，如特殊教育方面的专业知识可在本校学习，图书馆方面的专业知识可到专门的培训机构学习，从而提高图书馆员的技能和专业素质。不仅培养图书馆员的专业技能和素质，还必须培养良好的职业道德和奉献精神，这是特殊教育学校图书馆服务的关键。

特殊教育学校图书馆的建设是一个长期而艰巨的工作，不仅需要图书馆工作者的努力，还要有学校领导的重视，特别是政府、社会的关注和全社会的努力，才能建设成充满人性化的特殊教育学校的图书馆。

# 第二节　图书馆弱势群体阅读推广中存在的问题

## 一、特殊教育学校图书馆建设的依据

由国家教委计划建设司、基础教育司主编，并委托上海市教育局具体编制的《特殊教育学校建设标准》，经国家教委于 1994 年 7 月 21 日以教计〔1994〕162 号文批准颁布，发布试行。

编制组遵照党的有关方针政策，特别是以《中华人民共和国义务教育法》《中华人民共和国残疾人保障法》及国家教委制定的盲、聋、弱智学校的课程设置和有关的建筑法规为依据。通过对全国有关省市盲、聋、弱智学校校舍及教学设施的实地调研，在认真听取教育行政部门、校长及教师对校舍建设的要求和意见的基础上，分析整理了《特殊教育学校建设标准（试行）》征求意见稿，分发全国各省、市、自治区教委广泛征求意见。在汇总了各省、市、自治区教委意见的基础上，国家教委计划建设司、基础教育司联合在北京主持召开了《特殊教育学校建设标准（试行）》专家审定会，通过专家们的认真审查，原则通过。会后，编制组进一步修改后上报国家教委批准。

《特殊教育学校建设标难》按照盲、聋、弱智三类学校分别编制建设标准，使各使用单位在执行中便于操作。三类学校的建设标准均分成四个部分：学校选址与规划、校园用地面积指标、校舍建筑面积指标、校舍建设标准。

## 二、特殊教育学校图书馆建设标准问题

《特殊教育学校建设标准》的制定，对规范全国特殊学校图书馆（室）的建设，起了指导性、规范性的作用，有利于促进特殊学校图书馆（室）的发展，有利于更好地为广大特殊儿童服务，为特殊学校教师服务。

然而，随着时代的发展和新形势的要求，我们要清醒地看到这一标准的

不足之处，主要是两点：

首先，该规则制订时间过久，没有根据形势进行相应的调整和变化，90年代到 21 世纪的前几年，正是我国各项事业突飞猛进的时期，新情况、新形势不断涌现，原有的标准也应该适当随着时代的发展而发展，例如，计算机和数字图书馆的发展日新月异，而在制定该标准的 1995 年，并没有对计算机和数字图书馆有很深的了解，其内容中也没有相关的规定和要求。

其次，原有标准比较简单和抽象，不够细致和具体，在实际工作中，往往缺少具体的参照标准，而且标准的内容覆盖面较窄，基本是围绕面积展开的，虽然在《中小学图书馆（室）规程（修订）》中规定"特殊学校图书馆的建设参照本规程执行"，但是这样过于笼统，毕竟特殊学校具有特殊性，缺乏对特殊学校图书馆实际工作的指导性。

# 第三节　图书馆弱势群体阅读推广的对策研究

## 一、特殊教育学校图书馆服务的形式和内容

### （一）文献借阅服务

通过图书馆（室），帮助在校学生获取和借阅文献，并以借书、阅览的方式服务师生。可以根据师生的不同要求，个人和班级集体借阅相结合，尽量减少限制，保证开放时间，给师生借阅图书提供最大便利；要在学生阅读过程中培养他们的能力，如检索、记笔记、使用工具书、上网查找资料、掌握阅读和写作的各种方法等，使学生在读书中学到知识、找到乐趣、掌握本领；要主动服务教育教学，走进课程，贴近课堂，给师生提供更丰富的阅读材料和更多的自由阅读的时间。

### （二）读者教育与培训

读者教育与培训是图书馆的一项长期工作内容。特殊教育学校图书馆尤其应该重视利用馆藏资源开展读者教育与培训。因为，我们面对的是广大特殊儿童，他们在对图书馆的认识以及在使用图书馆的过程中，都会遇到比常人更大的困难和阻力。对这些读者的教育和培训就显得非常重要。文献检索课一直是图书馆指导学生利用文献资源，掌握文献检索方法，培养学生独立获取文献信息能力所不可缺少的一项工作。同时，根据图书馆资源结构调整情况，以及网络资源迅速增加的现状，进一步增加并扩大培训范围。通过增加各种不同的讲座，根据不同的读者开展讲座，如聋生或视障学生的阅读讲座等。让不同的读者都能了解和利用图书馆的馆藏资源，学会运用现代信息检索手段获取知识信息。

## （三）选书活动与阅读辅导

各个特殊教育学校可以把阅读作为语文教学的重中之重，把图书馆作为学生课外阅读的主要场所，作为学生拓宽知识面，提高阅读感悟和创新能力的主渠道，在开拓以及传播途径与方式上狠下工夫，让学生从小就接受先进文化的教育。积极开展"以书育人"的工作，把先进文化融入寓教于乐的各项活动之中，充分利用丰富的馆藏资源举办丰富多彩的读书活动。如：制定多种形式的读书计划，组织各种形式的阅读辅导，启发特殊学生阅读兴趣，为他们顺利阅读搭建绿色的平台。

# 二、特殊教育学校图书馆服务的要求及困难

## （一）时代对特殊教育学校图书馆服务的要求

新时代对图书馆提出了更高更新的要求。21 世纪是信息时代，计算机的应用将普及到人类生活和工作的各个方面，随着各种信息交流量的急剧增加，信息作为人类社会三大资源之一，将会得到更广泛的开发利用，图书馆会利用计算机技术、多媒体技术为人们全面、及时、准确、迅速提供各种有益的信息。现代发达国家经济直接依赖于知识信息的国内生产总值有的已超过 50％，这就告诉我们，知识信息已成为一个国家或地区生存发展的关键。它必将带来一场深刻的新技术革命和信息革命，必将冲击着我国传统模式的各类型图书馆（包括特殊学校图书馆）。

## （二）时代对特殊教育学校图书馆员的要求

当今形势对图书馆员提高素质提出了迫切要求，时代的发展给图书馆也提出了更高的要求。而目前真正既懂先进技术（如计算机技术、通信技术）、懂经济、懂管理、知识广博、通晓一种或几种外语又懂专业的高层次人才队伍还是非常缺乏的。虽然从 70 年代末至今，图书馆学教育的发展

是前所未有的，受教育的人数比历史上任何时候都多，然而所培养的人员，大都是以本科为学历的终点。在职人员无学历或学历较低的职工读电大、函授，继续深造也学到本科。中小学图书馆员的学历普遍不高，本科毕业的不多，学图书馆学专业的更少，而特殊学校在这方面的问题就更加突出了。因此，就一般图书馆而言，绝大多数人员所具有的知识和技能承担传统图书馆工作尚能得心应手，如要他们适应时代和社会的变革，为图书馆开拓新路，为用户提供高质量的信息服务，则显得有些力不从心，特殊学校图书馆在这方面问题更为突出。何况现在许多特殊学校图书馆的传统管理都还不很规范，从基础业务的管理到读者服务工作，不能很好地发挥特殊学校图书馆应有的作用。因此，只有对特殊学校图书馆员进行继续教育，提高他们的素质，才能使特殊学校图书馆员适应形势的要求，推动特殊学校图书馆事业向前发展。

## （三）特殊教育学校图书馆服务的困难

特殊教育学校图书馆建设发展很不平衡，城乡差别、区域差别明显突出，特殊教育学校图书馆建设的任务还很艰巨，特别值得注意的是东西部地区、城市郊区与农村及偏远山区之间都存在不同差异。

藏书数量不足，图书馆投入不足的矛盾突出。

图书陈旧，藏书结构不够合理。

图书馆工作人员数量不足，专业素质有待于提高。

学校购置图书渠道不畅，图书质量难以保证。

# 三、特殊教育学校图书馆（室）的评估体系

随着国家信息化事业的迅猛发展，图书馆事业发展也水涨船高。但如何引导图书馆事业前进的方向，使其高速、持久、科学、平稳、健康地发展，至关重要的措施就是制定一套科学、先进的评估体系。就像高考制约和引导着特殊学校教育一样，评估指导思想也制约和引导着各个具体部门

的工作方向。以往图书馆评估重视诸如馆藏数量、财力支出、人员比例等数据。这些数据只能反映有什么，却不能反映做了什么。传统评估方法不在意信息服务的实际效果。这一做法背离了中华民族节约为本的优良传统，不符合党中央一再提出的建设"节约型社会"的号召。特殊教育学校图书馆也要形成一个新的评估体系，我们认为可以借鉴中小学图书馆的经验。

## （一）认识学校图书馆评估的重要性

中小学图书馆（以下简称学校图书馆）是学校的文献情报中心，是为学校教育、教学和研究服务的机构。学校图书馆建设与管理水平是衡量中小学校办学质量的一个重要指标。对学校图书馆实施科学评估，是决定图书馆工作价值的过程，是图书馆管理的基本环节，是图书馆迈向规范化、科学化和现代化之路的必要条件。

## （二）学校图书馆评估的原则

第一，科学性原则。评估工作是一项科学、严谨的工作，必须以科学的精神和态度来对待。评估人员须顺应新时期、新形势下图书馆及其未来的发展需要，尊重学校图书馆工作的规律，采取科学的标准和方法进行评估。

第二，整体性原则。图书馆评估体系是由各子系统构成的，各子系统是一个有机的整体，必须以系统的观点看待它们，并使各子系统有机地结合，才能发挥整体的评估效能。

第三，创新性原则。随着教育改革不断走向深入，新一轮的课程改革对学校文献信息服务中心——图书馆提出了新的、更高的要求。这就要求主管领导审时度势，树立新思想、新理念，在确立评估标准、方法和制度等方面更应有所突破，有所创新，引领学校图书馆走向创新服务之路。

第四，可操作性原则。评估工作是在确立原则、方法和标准等以后，由评估人员按规定的工作程序来操作的。因此，具体的评估标准不仅要科学、合理，还要简明扼要，目标明确，易于掌握、操作，否则，评估实效会大打折扣。

## （三）学校图书馆科学评估指标体系

评估标准是评估工作的基础，也是确保评估是否科学、有效的关键。目前，在学校图书馆评估工作中，如何建立科学的评价指标体系，体现科学性、整体性、创新性、可操作性原则，建立适应图书馆发展的评估标准体系，已是亟待解决的问题。

学校图书馆的评估指标体系可由五个维度构成：（1）办馆条件维度；（2）文献资源建设维度；（3）自动化建设维度；（4）读者服务维度；（5）科学管理维度。

办馆条件维度的指标包括：图书馆队伍数量及人员素质（思想道德素质、业务素质、身体及心理素质），经费来源（学校设专项经费、社会或个人捐助等），图书馆设置（书库、学生阅览室、教师阅览室、电子阅览室、多功能报告厅等），专用设施配备（书架、阅览桌椅、报刊架、书柜、目录柜、办公桌椅、防火、除尘等必要设备，计算机、复印机、扫描仪、刻录机等现代化设备）。

文献资源建设维度的指标包括：馆藏文献类型、总量，人均文献量，文献特色，文献加工周期、标引质量，目录体系（分类、题名、责任者和主题目录），文献资源共建共享（参与文献采购协调、联合编目、馆际互借）。

自动化建设维度的指标包括：图书馆集成管理系统及电子阅览室建设（计算机数量和配置、软件和打印服务、人均使用面积），主页建设（栏目设置、内容更新周期、网络资源导航、开放时限等）。

读者服务维度的指标包括：开馆时间（无假日图书馆），开架借阅（藏、阅、借一体），读者教育（图书馆入门教育、文献检索教育、网络信息检索与利用等），文献宣传报道（新书通报、新书推荐、新书展览、设新书架等），信息服务（参考咨询服务、定题服务、二次文献编辑、剪报服务、网络信息服务等），阅读和学习方法指导（读书经验交流会、读书报告会、馆际互借与工作交流、开展馆际互借服务、参加专业图书馆学会等）。

科学管理维度的指标包括：管理体制与制度包括领导体制、人员任用制度、管理制度、服务制度等，科研管理包括科研能力培训、课题研究、科研成果，民主管理包括馆员、读者参与管理、设读者意见箱等。

## （四）学校图书馆科学评估的实施与管理

首先，建立、健全评估组织。建立、健全评估组织机构，是评估工作有序进行的基本保证。各省、市应建立以图书馆系统的专家为主要人选，由业务主管部门负责领导牵头，学校主管领导、图书馆馆长和师生代表等参与评估。评估组织的职责是制定评价标准，评价工作的实施及评价结果的认定等。评估组织的成员在评估标准的制定与实施过程中具有平等的权力。尤其在评估草案出台后，基层的"代表"对方案的不足之处应大胆提出修改意见和建议。同时，评估工作应做到定期、连续，真正形成一种机制。

其次，构建多种评估形式。①内部评估与外部评估相结合。在评估过程中，各校图书馆应注重自我评估，使内部评估与外部评估有机地结合起来。各校图书馆针对本馆的实际状况，发展优势，弥补不足，特别是在"硬件"薄弱的情况下，在"软件"上下功夫，挖掘潜力，拓宽服务途径，不断提高服务水平。②全员参与。在评估过程中，重视教师、学生、家长对图书馆的评估。③举办座谈会、发放调查问卷、电话访问等。通过多途径、多形式的评估，才能获得全面、准确的评估信息。

再次，合理反馈评价结果。评价结果并不意味着评估工作的结束，更重要的是合理地反馈，促使受评图书馆的工作有所改进。反馈评价结果应注意反馈的时效性和合适的反馈方式。有的可做到即时评价，即时反馈，对综合的评估结果也应尽快反馈给受评对象，这样才能真正达到促进学校图书馆工作整体水平提高的宗旨。

# 四、特殊教育学校图书馆（室）馆员队伍的建设

2003 年教育部重新修订的《中小学图书馆（室）规程》中明确规定：图书馆是中小学校的书刊资料信息中心，中学图书馆工作人员应具备大专以上文化程度，小学图书馆工作人员应具备中专（含高中）以上文化程度，并具有基本的图书馆专业技能和计算机操作技能，特殊学校的标准参照执行。但

实际上，很多特殊学校的图书馆达不到要求。就全国范围来看，队伍的老化、专业结构的不合理等，的确是制约特殊教育学校图书馆队伍稳定与发展的障碍。特殊教育学校图书馆是学校基础教育事业的有机组成部分，图书馆员这支队伍的素质如何，直接决定着特殊学校图书馆的管理和服务水平。特殊教育学校图书馆员的教育培训，直接关系到特殊学校图书馆事业的发展与素质教育的实施，是一项重要而迫切的任务。应尽快制订出台特殊教育学校图书馆员队伍建设的政策和规划，使特殊教育学校图书馆员的继续教育能够纳入教师继续教育体系。

# 第七章 图书馆为弱势群体服务的发展趋势

## 第一节 运用现代技术服务弱势群体

### 一、信息化与网络化对图书馆为弱势群体服务的新要求

现代技术在图书馆的运用为服务弱势群体提供了良好的技术支持。图书馆信息化和网络化的实现拓展了为弱势群体服务的空间，同时提出了新的服务要求。

#### （一）信息化为图书馆信息无障碍服务提供条件

##### 1. 全面实现信息无障碍化的意义

信息无障碍，是指所有人，无论健全人还是残疾人，无论年轻人还是老年人，都能够从信息技术中获益，任何人在任何情况下都能平等地、方便地、无障碍地获取信息、利用信息。信息无障碍强调专门为在信息沟通和交流上有障碍和有困难的人群提供服务。信息无障碍工作是一项针对残疾人、老年人等特殊群体使用信息技术、共享信息文明的公益事业，同时是建设和谐社会的重要组成部分。经济社会的快速发展和人民生活水平的不断提高，对信息无障碍事业提出更高要求。如何将科技成果广泛应用于社会生产和人民生活的各个领域，让社会各个群体，包括残疾人、老年人，都能享受到科技与信息化所带来的文明和进步成果，是非常重要的工作。

信息无障碍也是贯彻落实科学发展观、构建和谐社会、推进社会公平的

重要内容。我国在组织、起草国家信息化发展战略中，对信息无障碍给予高度的重视。

### 2. 全面实现信息无障碍化的措施

信息无障碍是我们国家信息化和发展规划的重要组成部分。积极推动信息交流无障碍，鼓励和支持残疾人等特殊群体服务领域的科技研究，引进创新信息无障碍水平，是经济社会快速发展和人民生活水平不断提高的必然要求。推动信息无障碍建设是国家信息化发展的一项重要工程。因此，需要政府和企业共同致力于推动发展，从政策以及相关标准的制订规范信息无障碍工程的发展，通过相关政策保障科学技术继续支持面向残疾人等特殊群体的科技创新，支持新技术、新产品的开发推广，推动信息化无障碍事业健康快速发展，这是信息无障碍工程能保持健康发展的"硬件"。初期包括政府引导立法、技术标准、政策引导等在内的一系列措施。

## （二）弱势群体访问网站的可及性

### 1. 互联网对残疾人用户的优越性

残疾人是一个特殊而困难的群体，他们由于身体功能上的某些缺陷，无法和正常人一样接受和传播信息，无法进行正常的学习、工作、参与社会事务。在缺少与人沟通、无法获得正常教育、无法实现传统就业方式的现实环境下，许多残疾人精神压力大，社会价值无法正常实现，成为社会和家庭的沉重负担，由此造成其生活上、心理上、学习上、工作上存在无法克服的障碍。

网络对残疾人（尤其是重残者）具有特殊的、不可替代的作用。它的出现和兴起架起了残疾人和外界沟通的桥梁。它能提高残疾人生活、学习、工作的能力，补偿残疾人身体的缺陷，缩小他们与健全人的差别，增强自己的工作和劳动技能，使残疾人有机会重新找到生活的意义，实现人生的价值。要使聋、盲残疾人使用网站，必须解决网页的无障碍。网页无障碍是残疾人可以获取网络上的任何信息，为了做到这一点，就要实现网页内容无障碍以及上网使用的辅助软件技术的无障碍，但是多数网站没有为残疾人用户做更多的考虑，网页的编排、字体、色彩搭配，以及复杂的操作、繁复的图像和其他多媒体形式，对于残疾人来说还存在严重的障碍。

网站的无障碍建设应成为目前重点建设的对象之一。我国有 8 300 万残疾人，相当于一个德国国家的人口。建立无障碍网站能在最大程度上帮助盲人和视力障碍者，不少听力残疾和因为肢残而肌肉控制有困难的网络用户也可以从改进的设计标准中受益。因此对网站经营者而言，对残疾人用户可访问性的考虑，其意义不仅仅是对人权的尊重，还有来自商业上的利益。通常，一旦残疾人用户发现供应商为他们提供了良好的服务，满足了他们的特殊需求，就会成为非常忠实的客户。另外，设计易于访问的网站，也适应社会人口结构中老龄人口比例增长的趋势，这是一个很大的客户群，不容忽视。

2. 网站受众分析：残疾人的概念

对于不同的媒介，其受众的范围会发生相应的改变。作为网站的受众，残疾人的概念有特殊之处。它的内涵应当定义为在使用计算机的输出输入设备时存在困难的人，因而它的外延更广泛：既包括传统的残疾人分类——视觉残疾者、听力残疾者、言语残疾者、行动障碍者（即在使用输入输出设备时存在障碍者）、认知障碍者（包括传统定义中的智力残疾和精神残疾者），又包括老龄用户。

# 二、关注信息无障碍技术的发展

图书馆要保障所有人能够无障碍使用和获取信息，必须解决两个方面的技术问题：个人与终端的无障碍交互产品的设计和技术的实现，保证用户可以用适合自己的方式输入输出信息；服务和信息提供传输的全过程无障碍，要保证包括文字、语音图像在内的所有信息能够被用户无障碍获取或借助辅助工具获取。从国内主要科研项目安排来看，信息无障碍领域已经开始考虑系统化推进技术研究和服务研究，但是由于刚刚起步，这种系统化推进还显得有些分散，对一些关键的技术还没有取得突破，其中比较受关注的有无障碍上网领域的多项技术、采用特殊输入方式的终端技术和多语言信息服务技术。

# 第二节　完善文献信息资源共享机制
# 服务弱势群体

## 一、文献信息资源共享对于实现信息公平服务弱势群体的重要作用

文献信息资源共享是图书馆价值实现的理想目标。由于以前受落后的管理手段和技术环境的束缚，文献信息资源共享在规模、数量和发展上与理想目标的实现相差甚远。随着现代信息技术应用的快速普及和发展，使图书馆的文献信息资源管理与服务产生了质的飞跃，其标志就是数字图书馆的产生和应用。数字图书馆的重要特征是图书馆将文献信息数字化，通过计算机通讯网络提供文献信息传输、查询、下载、咨询等服务，在计算机互联网上形成一个虚拟的文献信息资源库，使人们通过计算机互联网络可以不受空间和时间限制，随时随地、方便快捷地获取所需要的信息，实现知识信息的共享。由于文献信息资源属于社会信息系统的重要组成部分，实现文献信息资源共享对于社会信息公平、服务基层、服务弱势群体的实现，具有无可替代的重要作用。

文献信息资源共享能够有效地消除信息化所产生的"数字鸿沟"。

文献信息资源共享能为信息主体充分享有信息权利提供保障。

文献信息资源共享有利于公共知识信息资源分配的公平，促进社会弱势群体信息素质的增强和享有平等的信息权利。

## 二、国内外文献信息资源共享建设的概况

全球性信息的相互依赖是今后发展的必然趋势。一个国家，一个图书馆，

只有通过资源共享，才能用有限的经费去充分发展特色，整个图书馆事业才能形成相对完备的文献信息资源，从而很好地满足人们对文化知识的需求。文献信息资源共享就是通过科学地整合文献的生产、流通、服务的各个相关环节，形成全面、可靠的文献信息资源保障体系，为更好地开展社会文献信息服务奠定基础，消除信息化所产生的"数字鸿沟"，实现信息资源的公平、平等。国内外图书馆都很重视文献信息资源共享工作。

## （一）美国、日本文献信息资源共享建设的概况

图书馆信息资源共建共享，是世界性课题。美国是世界图书馆事业发达的国家，其信息资源共建共享处于世界前列。早在1901年，美国国会图书馆就开始实行馆际外借服务，并对大约400家图书馆提供印刷目录卡片。二战以后，美国开始真正实施有规模的资源共享计划。

日本信息资源共享不如欧美国家特别是美国，但也有自身的一些特点。与美国的信息资源共享多元化、互相渗透和高度市场化的格局不同，由于政府以及图书馆协会等中间组织的主导，日本信息资源共享是高度组织化、制度化和有序推进的发展格局。日本信息资源共享的发展大致经历了两个阶段：第一个阶段是在战后，特别是在二十世纪六七十年代高速经济增长时期发展起来的各种形式的图书馆协作组织和网络，这和美国六十年代的情况有点类似。这些协作组织目前仍然是日本图书馆开展协作的重要基础。第二个阶段是八十年代中期，以学术信息中心（NACSIS）的建立为标志，日本开始进入了一个以计算机网络为基础的全国性的信息资源共享阶段。

## （二）中国文献信息资源共享建设的概况

我国图书馆信息资源共享始于1957年国务院颁布的《全国图书协调方案》。在此之前的信息资源共享是零星的、局部的和自发的。《全国图书协调方案》决定，在国务院科学规划委员会下设图书小组，由文化部、高等教育部、中国科学院、北京图书馆等单位的代表和若干图书馆专家组成，负责全国图书工作的全面规划和统筹安排；建立全国和地方的中心图书馆委员会，

其中在北京、上海分别建立第一、第二全国中心图书馆委员会，在武汉、沈阳、南京、广州、成都、西安、兰州、天津、哈尔滨等9个城市分别建立地区中心图书馆委员会，在各省、市、区分别建立省级中心图书馆委员会。这些中心图书馆委员会负责规划、具体实施全国的藏书协调工作，组织编制全国图书联合目录，等等。《全国图书协调方案》开创了我国图书馆信息资源共享的新局面，但很快被席卷全国的政治运动所冲击。20世纪80年代初，我国省、市、区陆续恢复了中心图书馆委员会。1987年文化部、国家科委、国家教委、国防科工委、中国社科院等15个部委联合成立了全国部际图书情报工作协调委员会，组织了全国文献调查与布局的研究工作。1998年年底，国家图书馆、北京大学图书馆、清华大学图书馆和中国科学院文献情报中心先后签订了资源共建共享合作协议。

1998年启动中国高等教育文献保障系统（CALIS），先后建立了文理、工程、农学、医学4个全国文献信息中心，建立了华东北、华东南、华中、华南、西北、西南、东北7个地区中心和1个东北地区国防文献信息服务中心，此外引进和共建了一系列国内外文献数据库。开展了公共目录检索、联机编目、集团采购、文献传递、中文资源导航、西方数据导航等服务，在高等教育系统实行信息资源共建共享，迈出了成功的一步。目前，绝大多数的省市图书馆都在一定区域内发放了数量不等的通用阅览证。教育部于2004年3月15日启动了中国高校人文社会科学文献中心（CASHL），其宗旨是组织若干所具有学科优势、文献资源优势和服务条件优势的高等学校图书馆有计划、有系统地引进国外人文社会科学期刊，借助现代化的服务手段，为全国高校的社会科学教学和科研提供高水平的文献保障。文化部、财政部在全国实施文化信息资源共享工程，两部组建了全国文化信息资源共享工程领导小组及其办公室，组建了共享工程国家中心。这项工程利用现代高新技术，将中华民族几千年来积淀的各种文化信息资源，选择其精华部分，进行数字化加工与整合，依托现有网络服务平台，通过宽带数据传输移送到基层单位，为广大群众提供文化服务，实现优秀文化信息在全国范围内共建共享。2005年，由文化部全国文化信息资源建设管理中心、中国国家图书馆、上海图书馆发出倡议，全国各地的25个省、自治区、直辖市，83所图书馆馆长和代表共同签署了《公共图书馆讲座资源共建共享协议书》，上海图书馆将100多种讲座光盘资料无偿提供给各兄弟省市公共图书馆，通过其视频、网络、远程直播等方式向读者播放。这一举动对全国公共图书馆讲座活动起到了积极的作用，通过资源的层层传播，不断扩大知识的辐射范围，让偏远地区的图书馆读者、用户也能得到讲座服务，在帮助弱势群体实现知识平等获取、消除知识鸿沟中发挥很大的作用。

# 三、文献信息资源共享平台

文献信息资源共建共享是20世纪图书情报学研究的重要课题和奋斗目标。随着现代信息技术的迅猛发展，处于网络环境下的21世纪，图书馆将彻底实现自动化、网络化和数字化，全球信息资源共建共享将成为现实。

以数字图书馆为标志的文献信息资源共享建设，自20世纪90年代后期在我国已经启动。经过多方的努力，分别由公共图书馆、高校图书馆和科技图书馆三大系统牵头建设的数字图书馆共享系统经过初期的探索，取得了可喜的阶段性成果，目前已经显示出它们在全国文献信息资源共享中有示范、协调、支柱和龙头作用。但是，应当看清所面临的任务还很艰巨。消除由于经济、科技与教育发展不平衡所造成的"数字鸿沟"，惠及信息环境相对劣势的地区、部门和人群，促进信息公平方面，还需继续努力。从我国文献信息资源共享现实出发，结合国内信息化发展状况，图书馆加快文献信息资源共享建设，促进信息公平，应从以下几个方面改进与加强：

第一，加速图书馆法规建设，形成文献信息资源共享长效机制。

第二，加强宏观调控和统筹规划。

第三，加快信息技术的推广，重视文献信息资源共享运行环境建设。

# 主要参考文献

[1]阀赵英，赵媛.信息无障碍支持体系研究[M].成都：四川大学出版社，2012.

[2]郭桂英，张东辉.公共图书馆弱势群体服务探析[M].长春：东北师范大学出版社，2014.

[3]郭慧霞.面向信息弱势群体的图书馆信息无障碍服务研究[D].郑州：郑州大学，2010.

[4]姜红燕.中美公共图书馆弱势群体服务比较研究[D].湘潭：湘潭大学，2011.

[5]雷雅楠.山西省公共图书馆无障碍服务调查研究[D].太原：山西大学，2015.

[6]刘隽.基层图书馆为弱势群体服务研究[D].合肥：安徽大学，2012.

[7]罗佳乐.西部中小城市公共图书馆无障碍环境研究[D].西安：西安建筑科技大学，2011.

[8]宋赫.无障碍设计在图书馆中的应用与研究[D].哈尔滨：哈尔滨理工大学，2014.

[9]肖雪.公共图书馆对弱势群体知识援助的理论与方法[D].武汉：武汉大学，2005.

[10]颜琪.我国公共图书馆为弱势群体服务研究[D].哈尔滨：黑龙江大学，2014.

[11]尹翔宇.面向外来务工人员的图书馆信息咨询服务研究[D].南宁：广西民族大学，2011.

[12]王素芳.关于图书馆服务弱势群体问题的研究与反思[J].图书馆杂志，2006（5）：3-9.